大方廣佛華嚴經 讀誦

8

🪷 일러두기

1. 『독송본 한문·한글역 대방광불화엄경』은 실차난타가 한역(695~699)한 80권 『대방광불화엄경』의 한문 원문과 한글역을 함께 수록한 것이다. 한문에는 음사와 현토를 부기하였다.

2. 원문의 저본은 고종 2년(1865) 월정사에서 인경한 고려대장경 『대방광불화엄경』에 한암 스님이 현토(1949년)한 것을 범룡 스님이 영인 출판(1990년)한 『대방광불화엄경』이다.

3. 한문은 저본에서 누락되었거나 글자가 다르다고 판단된 부분은 저본인 고려대장경 각권의 말미에 교감되어 있는 내용을 중심으로 하고 봉은사판 『대방광불화엄경수소연의초』와 신수대장경 각주에서 밝힌 교감본을 참조하여 보입하고 수정하였다.

4. 한글 번역은 동국역경원에서 발간한 한글 『대방광불화엄경』(운허)을 중심으로 하고 『신화엄경합론』(탄허)과 『대방광불화엄경 강설』(여천무비) 그리고 최근의 여타 번역본 등을 참조하였다.

5. 저본의 원문에서 이체자의 경우 흔글이 제공하는 이체자는 그대로 살리고 흔글이 제공하지 않는 글자는 통용되는 정자로 바꾸었다. 예) 閒 → 閒 / 焔 → 燄 / 宮 → 宮 / 偁 → 稱

6. 한글 번역은 독송과 사경을 위하여 정확성과 아울러 가독성을 고려하였다. 극존칭은 부처님과 불경계에 대해서만 사용하였다.

7. 독송본의 차례는 일러두기 → 본문 → 화엄경 목차 → 간행사의 순차이다.
   (법공양판에는 간행사 다음에 간행불사 동참자를 밝혀 두었다.)

8. 독송본의 한글역은 사경의 편의를 도모하기 위해 그 편집을 달리하여 『사경본 한글역 대방광불화엄경』으로 함께 간행한다. 독송본과 사경본 모두 80권 『대방광불화엄경』의 권별 목차 순으로 간행한다.

독송본 한문·한글역

대방광불화엄경 제8권
大方廣佛華嚴經 卷第八

5. 화장세계품 [1]
華藏世界品 第五之一

실차난타 한역
수미해주 한글역

8

大方廣佛華嚴經第八卷變相

華藏世界品第五

周

대방광불화엄경 제8권 변상도

대방광불화엄경
제8권

5. 화장세계품 [1]

대방광불화엄경 권제팔
大方廣佛華嚴經　卷第八

화장세계품　제오지일
華藏世界品　第五之一

이시　보현보살　부고대중언
爾時에 **普賢菩薩**이 **復告大衆言**하시니라

제불자　차화장장엄세계해　시비로자나
諸佛子야 **此華藏莊嚴世界海**는 **是毗盧遮那**

여래　왕석어세계해미진수겁　수보살행
如來가 **往昔於世界海微塵數劫**에 **修菩薩行**

대방광불화엄경 제8권

5. 화장세계품 [1]

그 때에 보현보살이 다시 대중들에게 일러 말씀하였다.

"모든 불자들이여, 이 화장장엄세계바다는 비로자나여래께서 지난 옛적 세계바다 미진 수 겁 동안 보살행을 닦으실 때에 낱낱 겁 가

시 일일겁중 친근세계해미진수불
時에 一一劫中에 親近世界海微塵數佛하사

일일불소 정수세계해미진수대원지소엄
一一佛所에 淨修世界海微塵數大願之所嚴

정
淨이니라

제불자 차화장장엄세계해 유수미산미
諸佛子야 此華藏莊嚴世界海가 有須彌山微

진수풍륜소지
塵數風輪所持하니라

기최하풍륜 명평등주 능지기상일체보
其最下風輪은 名平等住니 能持其上一切寶

염치연장엄 차상풍륜 명출생종종보
燄熾然莊嚴하니라 次上風輪은 名出生種種寶

운데서 세계바다 미진수의 부처님을 친근하시고, 낱낱 부처님 처소에서 세계바다 미진수의 큰 서원을 청정하게 닦아서 깨끗이 장엄하신 것이다.

모든 불자들이여, 이 화장장엄세계바다는 수미산 미진수의 풍륜이 있어서 유지하는 것이다.

그 가장 아래의 풍륜은 이름이 평등주이며, 그 위에 일체 보배불꽃이 치성한 장엄을 능히 유지하고 있다. 그 다음 위의 풍륜은 이름이 출생종종보장엄이며, 그 위에 청정한 광명이 비치어 빛나는 마니왕깃대를 능히 유지하고 있

장엄   능지기상정광조요마니왕당   차
莊嚴이니 能持其上淨光照耀摩尼王幢하니라 次

상풍륜   명보위덕   능지기상일체보령
上風輪은 名寶威德이니 能持其上一切寶鈴하니라

차상풍륜   명평등염   능지기상일광명상
次上風輪은 名平等燄이니 能持其上日光明相

마니왕륜   차상풍륜   명종종보장엄
摩尼王輪하니라 次上風輪은 名種種普莊嚴이니

능지기상광명륜화   차상풍륜   명보청
能持其上光明輪華하니라 次上風輪은 名普淸

정   능지기상일체화염사자좌
淨이니 能持其上一切華燄師子座하니라

차상풍륜   명성변시방   능지기상일체주
次上風輪은 名聲徧十方이니 能持其上一切珠

왕당   차상풍륜   명일체보광명   능지
王幢하니라 次上風輪은 名一切寶光明이니 能持

다. 그 다음 위의 풍륜은 이름이 보위덕이며, 그 위에 일체 보배방울을 능히 유지하고 있다.

그 다음 위의 풍륜은 이름이 평등염이며, 그 위에 햇빛같이 밝은 모양의 마니왕바퀴를 능히 유지하고 있다. 그 다음 위의 풍륜은 이름이 종종보장엄이며, 그 위에 광명바퀴꽃을 능히 유지하고 있다. 그 다음 위의 풍륜은 이름이 보청정이며, 그 위에 일체 꽃불꽃 사자좌를 능히 유지하고 있다.

그 다음 위의 풍륜은 이름이 성변시방이며, 그 위에 일체 구슬왕깃대를 능히 유지하고 있다. 그 다음 위의 풍륜은 이름이 일체보광명

기상일체마니왕수화　　차상풍륜　명속
其上一切摩尼王樹華하니라 次上風輪은 名速

질보지　능지기상일체향마니수미운
疾普持니 能持其上一切香摩尼須彌雲하니라

차상풍륜　명종종궁전유행　　능지기상일
次上風輪은 名種種宮殿遊行이니 能持其上一

체보색향대운
切寶色香臺雲하니라

제불자　피수미산미진수풍륜　최재상자
諸佛子야 彼須彌山微塵數風輪의 最在上者는

명수승위광장　　능지보광마니장엄향수
名殊勝威光藏이니 能持普光摩尼莊嚴香水

해　　차향수해　유대연화　　명종종광명
海어든 此香水海에 有大蓮華하니 名種種光明

이며, 그 위에 일체 마니왕나무꽃을 능히 유지하고 있다. 그 다음 위의 풍륜은 이름이 속질보지이며, 그 위에 일체 향마니수미구름을 능히 유지하고 있다. 그 다음 위의 풍륜은 이름이 종종궁전유행이며, 그 위에 일체 보배색 향대구름을 능히 유지하고 있다.

모든 불자들이여, 그 수미산 미진수 풍륜의 가장 위에 있는 것은 이름이 수승위광장이며, 보광마니장엄 향수해를 능히 유지하고 있다.

이 향수해에 큰 연꽃이 있으니 이름이 종종광명예향당이다. 화장장엄세계바다가 그 가운

예향당　　화장장엄세계해　주재기중
藥香幢이라 華藏莊嚴世界海가 住在其中하니

사방　균평　청정견고　금강륜산　주
四方이 均平하고 淸淨堅固하며 金剛輪山이 周

잡위요　지해중수　각유구별
帀圍遶하고 地海衆樹가 各有區別하니라

시시　보현보살　욕중선기의　승불신
是時에 普賢菩薩이 欲重宣其義하사 承佛神

력　관찰시방　이설송언
力하사 觀察十方하고 而說頌言하시니라

세존왕석어제유　　미진불소수정업
世尊往昔於諸有에　微塵佛所修淨業이실새

고획종종보광명　　화장장엄세계해
故獲種種寶光明인　華藏莊嚴世界海로다

데 머물러 있는데, 사방이 고루 평탄하고 청정하며 견고하였다. 금강륜산이 두루 둘러싸고, 땅과 바다와 온갖 나무들이 각각 구별되어 있다."

이 때에 보현보살이 그 뜻을 거듭 펴려고 부처님의 위신력을 받들어 시방을 관찰하고 게송을 설하여 말씀하였다.

세존께서 지난 옛적 모든 세상에서
미진수의 부처님 처소에서 청정한 업을 닦으셔서
갖가지 보배 광명으로 된
화장장엄세계바다를 얻으셨도다.

광대비운변일체
廣大悲雲徧一切하사

사신무량등찰진
捨身無量等刹塵하시니

이석겁해수행력
以昔劫海修行力으로

금차세계무제구
今此世界無諸垢로다

방대광명변주공
放大光明徧住空하니

풍력소지무동요
風力所持無動搖라

불장마니보엄식
佛藏摩尼普嚴飾하니

여래원력영청정
如來願力令淸淨이로다

보산마니묘장화
普散摩尼妙藏華하니

이석원력공중주
以昔願力空中住라

종종견고장엄해
種種堅固莊嚴海여

광운수포만시방
光雲垂布滿十方이로다

넓고 큰 자비구름이 일체에 두루하여
몸을 버림이 한량없어 세계 티끌 수와 같으니
옛적 겁바다에서 수행하신 힘으로
지금 이 세계에 모든 더러움이 없도다.

큰 광명을 놓아 허공에 두루 머무르니
풍력으로 유지하여 흔들림이 없고
부처님이 새겨진 마니로 널리 장식하니
여래의 원력으로 청정하게 하였도다.

마니에 미묘하게 새겨진 꽃을 널리 흩으니
옛적의 원력으로 허공 가운데 머무르고
갖가지 견고한 장엄바다에
광명구름이 드리워 펼쳐져서 시방에 가득하도다.

제 마 니 중 보 살 운
諸摩尼中菩薩雲이

보 예 시 방 광 치 연
普詣十方光熾然이어든

광 염 성 륜 묘 화 식
光燄成輪妙華飾하니

법 계 주 류 미 불 변
法界周流靡不徧이로다

일 체 보 중 방 정 광
一切寶中放淨光하니

기 광 보 조 중 생 해
其光普照衆生海라

시 방 국 토 개 주 변
十方國土皆周徧하야

함 령 출 고 향 보 리
咸令出苦向菩提로다

보 중 불 수 등 중 생
寶中佛數等衆生하사

종 기 모 공 출 화 형
從其毛孔出化形하시니

범 주 제 석 륜 왕 등
梵主帝釋輪王等이며

일 체 중 생 급 제 불
一切衆生及諸佛이로다

모든 마니 가운데 보살구름이
시방에 널리 나아가 광명이 치성한데
광명불꽃이 바퀴를 이루고 묘한 꽃으로 꾸미니
법계에 두루 흘러 모두 가득하도다.

일체 보배 가운데서 청정한 광명을 놓으니
그 광명이 중생바다를 널리 비추어서
시방국토에 다 두루하여
모두 고통에서 벗어나 보리를 향하게 하도다.

보배 가운데 부처님 수가 중생과 같아서
그 모공에서 변화한 형상을 내시니
범천왕과 제석천왕과 전륜왕 등이며
일체 중생과 그리고 모든 부처님이시도다.

화현광명등법계
化現光明等法界하니

광중연설제불명
光中演說諸佛名이라

종종방편시조복
種種方便示調伏하야

보응군심무부진
普應群心無不盡이로다

화장세계소유진
華藏世界所有塵이여

일일진중견법계
一一塵中見法界라

보광현불어운집
寶光現佛如雲集하니

차시여래찰자재
此是如來刹自在로다

광대원운주법계
廣大願雲周法界하야

어일체겁화군생
於一切劫化群生이라

보현지지행실성
普賢智地行悉成하시니

소유장엄종차출
所有莊嚴從此出이로다

변화하여 나타낸 광명이 법계와 같으니
광명 속에서 모든 부처님의 명호를 연설하고
갖가지 방편으로 조복함을 보여서
널리 중생들의 마음에 다 알맞게 하도다.

화장세계에 있는 티끌들의
낱낱 티끌 가운데서 법계를 봄이라
보배광명에서 구름모이듯 부처님을 나타내니
이것은 여래 세계의 자재함이로다.

광대한 서원구름이 법계에 두루해서
일체 겁 동안 중생들을 교화하여
보현의 지혜지위와 행을 다 이루니
있는 바 장엄이 여기에서 나왔도다.

이시　보현보살　부고대중언
爾時에 普賢菩薩이 復告大衆言하시니라

제불자　차 화장장엄세계해　대윤위산　주
諸佛子야 此華藏莊嚴世界海에 大輪圍山이 住

일주왕연화지상
日珠王蓮華之上이니라

전단마니　이위기신　위덕보왕　이위
栴檀摩尼로 以爲其身하고 威德寶王으로 以爲

기봉　묘향마니　이작기륜　염장금
其峰하고 妙香摩尼로 而作其輪하고 燄藏金

강　소공성립　일체향수　유주기간
剛으로 所共成立이라 一切香水가 流注其閒하며

중보위림　묘화개부　향초포지　명주
衆寶爲林하야 妙華開敷하며 香草布地하고 明珠

그 때에 보현보살이 다시 대중들에게 일러 말씀하였다.

"모든 불자들이여, 이 화장장엄세계바다에 대윤위산이 햇빛 구슬왕 연꽃 위에 머물러 있다.

전단마니로 그 몸이 되고 위덕의 보배왕으로 그 봉우리가 되고, 묘한 향기 나는 마니로 그 둘레가 되고, 불꽃 창고 금강으로 함께 이루어졌다.

일체 향수가 그 사이에 흐르며, 온갖 보배로 숲이 되고 미묘한 꽃들이 활짝 피어 있으며, 향기로운 풀들이 땅에 널려 있고, 밝은 구슬

간식　　종종향화　　처처영만　　마니위망
閒飾하며　種種香華가　處處盈滿하며　摩尼爲網하야

주잡수부　　여시등　　유세계해미진수중묘
周帀垂覆하니　如是等이　有世界海微塵數衆妙

장엄
莊嚴하니라

이시　　보현보살　　욕중선기의　　　승불신
爾時에　普賢菩薩이　欲重宣其義하사　承佛神

력　　관찰시방　　이설송언
力하사　觀察十方하고　而說頌言하시니라

세계대해무유변　　　보륜청정종종색
世界大海無有邊이여　寶輪淸淨種種色이라

소유장엄진기묘　　　차유여래신력기
所有莊嚴盡奇妙하니　此由如來神力起로다

로 사이사이 장식하고, 갖가지 향기로운 꽃이 곳곳에 가득하며, 마니로 된 그물이 두루 드리워 덮고있다. 이와 같은 세계바다 미진수의 온갖 미묘한 장엄이 있다."

그 때에 보현보살이 그 뜻을 거듭 펴려고 부처님의 위신력을 받들어 시방을 관찰하고 게송을 설하여 말씀하였다.

세계의 큰 바다가 끝이 없는데
보배바퀴 청정하여 갖가지 색이며
있는 바 장엄들이 다 기묘하니
이것은 여래의 위신력으로 일어났도다.

마니보륜묘향륜
摩尼寶輪妙香輪과

급이진주등염륜
及以眞珠燈燄輪이

종종묘보위엄식
種種妙寶爲嚴飾하니

청정윤위소안주
淸淨輪圍所安住로다

견고마니이위장
堅固摩尼以爲藏하고

염부단금작엄식
閻浮檀金作嚴飾하야

서광발염변시방
舒光發燄徧十方하니

내외영철개청정
內外映徹皆淸淨이로다

금강마니소집성
金剛摩尼所集成이어든

부우마니제묘보
復雨摩尼諸妙寶하니

기보정기비일종
其寶精奇非一種이라

방정광명보엄려
放淨光明普嚴麗로다

마니보배바퀴와 묘한 향기바퀴와

진주등 불꽃바퀴가

갖가지 묘한 보배들로 장식되었으니

청정한 윤위산이 안주한 곳이로다.

견고한 마니로 창고가 되고

염부단금으로 장식하여

빛나고 불꽃 퍼져 시방에 두루하니

안과 밖이 밝게 사무쳐 다 청정하도다.

금강과 마니가 모여서 이루어졌는데

다시 또 마니와 모든 묘한 보배들을 비 내리고

그 보배들의 정교하고 기묘함이 한 가지가 아니니

청정한 광명을 놓아 널리 장엄하여 화려하도다.

향수분류무량색
香水分流無量色_{이요}

산제화보급전단
散諸華寶及栴檀_{하며}

중련경발여의포
衆蓮競發如衣布_{하고}

진초나생실분복
珍草羅生悉芬馥_{이로다}

무량보수보장엄
無量寶樹普莊嚴_{하니}

개화발예색치연
開華發蕊色熾然_{이라}

종종명의재기내
種種名衣在其內_{어든}

광운사조상원만
光雲四照常圓滿_{이로다}

무량무변대보살
無量無邊大菩薩_이

집개분향충법계
執蓋焚香充法界_라

실발일체묘음성
悉發一切妙音聲_{하야}

보전여래정법륜
普轉如來正法輪_{이로다}

향수의 물줄기가 한량없는 색이고
모든 꽃과 보배와 전단향을 흩었으며
온갖 연꽃이 다투어 피어서 옷을 펼친 듯하고
진귀한 풀들이 두루 나서 다 매우 향기롭도다.

한량없는 보배 나무로 널리 장엄하였으니
꽃 피고 꽃술 솟아 색이 화려하고
갖가지 이름난 옷이 그 안에 있는데
광명구름이 사방에 비쳐서 늘 원만하도다.

한량없고 가없는 큰 보살들이
일산 들고 향 사르며 법계에 충만한데
모두 일체 묘한 음성을 내어서
여래의 바른 법륜을 널리 굴리도다.

제마니수보말성
諸摩尼樹寶末成하니

일일보말현광명
一一寶末現光明이어든

비로자나청정신
毗盧遮那淸淨身이

실입기중보령견
悉入其中普令見이로다

제장엄중현불신
諸莊嚴中現佛身호대

무변색상무앙수
無邊色相無央數라

실왕시방무불변
悉往十方無不徧하시니

소화중생역무한
所化衆生亦無限이로다

일체장엄출묘음
一切莊嚴出妙音하야

연설여래본원륜
演說如來本願輪호대

시방소유정찰해
十方所有淨刹海에

불자재력함령변
佛自在力咸令徧이로다

모든 마니나무가 보배 가루로 이루어져서
낱낱 보배가루가 광명을 나타내는데
비로자나부처님의 청정하신 몸이
다 그 안에 들어가 널리 보게 하시도다.

모든 장엄 가운데 부처님 몸을 나타내시니
가없는 색상이 헤아릴 수 없음이라
시방에 다 가서 두루하지 않음이 없으시니
교화하신 중생들도 또한 한이 없도다.

일체 장엄이 미묘한 소리를 내어
여래 본원의 법륜을 연설하니
시방에 있는 청정한 세계바다에
부처님의 자재한 힘으로 다 두루하게 하시도다.

이시　보현보살　부고대중언
爾時에 普賢菩薩이 復告大衆言하시니라

제불자　차세계해대윤위산내　소유대지
諸佛子야 此世界海大輪圍山內의 所有大地가

일체개이금강소성　　견고장엄　　불가저괴
一切皆以金剛所成이라 堅固莊嚴하야 不可沮壞니라

청정평탄　　무유고하　　마니위륜　　중보
淸淨平坦하야 無有高下하며 摩尼爲輪하고 衆寶

위장　　일체중생　종종형상　제마니보
爲藏하며 一切衆生의 種種形狀인 諸摩尼寶로

이위간착　　산중보말　　포이연화　　향장
以爲間錯하며 散衆寶末하고 布以蓮華하며 香藏

마니　분치기간
摩尼를 分置其閒하니라

그 때에 보현보살이 다시 대중들에게 일러 말씀하였다.

"모든 불자들이여, 이 세계바다의 대윤위산 안에 있는 대지는 일체가 모두 금강으로 이루어져서 견고한 장엄을 깨뜨릴 수 없다.

청정하고 평탄하여 높고 낮음이 없으며, 마니로 바퀴가 되고, 온갖 보배로 창고가 되며, 일체 중생의 갖가지 형상인 모든 마니보배로 사이마다 장식하고, 온갖 보배 가루를 흩고, 연꽃을 펴 놓았으며, 향기 머금은 마니를 그 사이에 나누어 두었다.

제장엄구　충변여운　삼세일체제불국토
諸莊嚴具가 充徧如雲호대 三世一切諸佛國土의

소유장엄　이위교식　마니묘보　이위
所有莊嚴으로 而爲校飾하며 摩尼妙寶로 以爲

기망　보현여래　소유경계　여천제망
其網하야 普現如來의 所有境界가 如天帝網하야

어중포열
於中布列하니라

제불자　차세계해지　유여시등세계해미진
諸佛子야 此世界海地에 有如是等世界海微塵

수장엄
數莊嚴하니라

이시　보현보살　욕중선기의　승불신
爾時에 普賢菩薩이 欲重宣其義하사 承佛神

력　관찰시방　이설송언
力하사 觀察十方하고 而說頌言하시니라

모든 장엄구가 충만하여 두루함이 구름 같으며, 삼세의 일체 모든 부처님 국토에 있는 장엄으로 아름답게 꾸미고, 마니의 묘한 보배로 그 그물이 되어 여래의 경계를 널리 나타내니 제석천의 그물처럼 그 가운데 펼쳐져 있다.

모든 불자들이여, 이 세계바다의 대지에 이와 같은 세계바다 미진수의 장엄이 있다."

그 때에 보현보살이 그 뜻을 거듭 펴려고 부처님의 위신력을 받들어 시방을 관찰하고 게송을 설하여 말씀하였다.

기지평탄극청정
其地平坦極淸淨하고

안주견고무능괴
安住堅固無能壞라

마니처처이위엄
摩尼處處以爲嚴이요

중보어중상간착
衆寶於中相間錯이로다

금강위지심가열
金剛爲地甚可悅하니

보륜보망구장엄
寶輪寶網具莊嚴이라

연화포상개원만
蓮華布上皆圓滿하고

묘의미부실주변
妙衣彌覆悉周徧이로다

보살천관보영락
菩薩天冠寶瓔珞을

실포기지위엄호
悉布其地爲嚴好하고

전단마니보산중
栴檀摩尼普散中하니

함서이구묘광명
咸舒離垢妙光明이로다

그 땅은 평탄하여 지극히 청정하고
견고하게 안주하여 깨뜨릴 수 없음이라
마니로 곳곳을 장엄하였고
온갖 보배로 그 가운데 사이사이 장식하였도다.

금강으로 땅이 되어 매우 즐거우며
보배 바퀴와 보배 그물로 장엄을 갖추고
연꽃이 위에 펼쳐져 다 원만하며
미묘한 옷을 가득 덮어 다 두루하도다.

보살의 천관 보배 영락을
그 땅에 모두 펴서 아름답게 장엄하고
전단과 마니를 널리 그 가운데 흩으니
때 없는 묘한 광명을 모두 펴도다.

보화발염출묘광
寶華發燄出妙光하니

광염여운조일체
光燄如雲照一切라

산차묘화급중보
散此妙華及衆寶하야

보부어지위엄식
普覆於地爲嚴飾이로다

밀운흥포만시방
密雲興布滿十方하니

광대광명무유진
廣大光明無有盡이라

보지시방일체토
普至十方一切土하야

연설여래감로법
演說如來甘露法이로다

일체불원마니내
一切佛願摩尼內에

보현무변광대겁
普現無邊廣大劫하니

최승지자석소행
最勝智者昔所行을

어차보중무불견
於此寶中無不見이로다

보배 꽃이 불꽃을 내어 묘한 광명을 쏟아내니
광명 불꽃은 구름처럼 일체를 비추고
이 아름다운 꽃과 온갖 보배를 흩어서
땅을 널리 덮어 장식하도다.

두터운 구름이 일어나서 시방에 가득하고
넓고 큰 광명은 다함이 없어
시방의 일체 국토에 널리 이르러서
여래의 감로법을 연설하도다.

일체 부처님의 서원을 마니 안에서
가없고 광대한 겁 동안 널리 나타내니
가장 수승한 지혜자의 옛적 행하신 바를
이 보배 속에서 보지 못함이 없도다.

기지소유마니보
其地所有摩尼寶에

일체불찰함래입
一切佛刹咸來入하며

피제불찰일일진
彼諸佛刹一一塵에

일체국토역입중
一切國土亦入中이로다

묘보장엄화장계
妙寶莊嚴華藏界에

보살유행변시방
菩薩遊行徧十方하야

연설대사제홍원
演說大士諸弘願하니

차시도량자재력
此是道場自在力이로다

마니묘보장엄지
摩尼妙寶莊嚴地에

방정광명비중식
放淨光明備衆飾하야

충만법계등허공
充滿法界等虛空하니

불력자연여시현
佛力自然如是現이로다

그 땅에 있는 마니보배에
일체 부처님 세계가 다 들어가며
그 모든 부처님 세계의 낱낱 티끌에
일체 국토가 또한 그 안에 들어가도다.

묘한 보배로 장엄한 화장세계에
보살들이 시방에 두루 유행하며
대사의 모든 큰 서원을 연설하니
이것은 도량의 자재한 힘이로다.

마니의 묘한 보배로 장엄한 땅에
청정한 광명 놓고 온갖 장식을 갖추어서
법계에 충만하여 허공과 같으니
부처님의 힘으로 자연히 이와 같이 나타나도다.

제유수치보현원　　　　　입불경계대지인
諸有修治普賢願하야　　　入佛境界大智人은

능지어차찰해중　　　　　여시일체제신변
能知於此刹海中에　　　如是一切諸神變이로다

이시　　보현보살　　부고대중언
爾時에　普賢菩薩이　復告大衆言하시니라

제불자　　차세계해대지중　　유십불가설불찰
諸佛子야　此世界海大地中에　有十不可說佛刹

미진수향수해
微塵數香水海하니라

일체묘보　　장엄기저　　묘향마니　　장엄기
一切妙寶로　莊嚴其底하고　妙香摩尼로　莊嚴其

모든 세상에서 보현의 원을 닦아서
부처님 경계에 들어간 큰 지혜 있는 사람은
이 세계바다 가운데
이러한 일체 모든 신통변화를 능히 알도다.

그 때에 보현보살이 다시 대중들에게 일러 말씀하였다.

"모든 불자들이여, 이 세계바다 대지 가운데 열 가지 말할 수 없는 부처님 세계 미진수의 향수해가 있다.

일체 묘한 보배로 그 바닥을 장엄하고, 미묘한 향기 나는 마니로 그 언덕을 장엄하며, 비

안   비로자나마니보왕   이위기망   향
岸하며 毗盧遮那摩尼寶王으로 以爲其網하고 香

수영철   구중보색   충만기중   종종보
水映徹에 具衆寶色하야 充滿其中하며 種種寶

화   선포기상   전단세말   징은기하
華가 旋布其上하고 栴檀細末이 澄垽其下하나라

연불언음   방보광명   무변보살   지종
演佛言音하고 放寶光明하며 無邊菩薩이 持種

종개   현신통력   일체세계소유장엄
種蓋하야 現神通力하고 一切世界所有莊嚴이

실어중현   십보계폐   항렬분포   십보난
悉於中現하며 十寶階陛가 行列分布하고 十寶欄

순   주잡위요   사천하미진수   일체보장
楯이 周帀圍遶하며 四天下微塵數의 一切寶莊

엄분다리화   부영수중
嚴芬陀利華가 敷榮水中하나라

로자나 마니보배왕으로 그 그물이 되고, 향수가 맑게 비치어 온갖 보배 색을 구족하여 그 가운데 충만하며, 갖가지 보배 꽃이 그 위를 뒤덮고, 전단향의 미세한 가루가 그 아래에 맑게 가라앉았다.

부처님의 음성을 펴고, 보배 광명을 놓으며, 가없는 보살들이 갖가지 일산을 들고 신통력을 나타내었다. 일체 세계에 있는 장엄이 다 그 가운데 나타나며, 열 가지 보배로 된 충계들이 줄지어 늘어서고, 열 가지 보배로 된 난간들이 두루 둘러싸고, 사천하 미진수의 일체 보배로 장엄한 흰 연꽃이 물속에 만발하였다.

불가설백천억나유타수십보시라당　　항하사
不可說百千億那由他數十寶尸羅幢과　恒河沙

수일체보의령망당　　항하사수무변색상보
數一切寶衣鈴網幢과　恒河沙數無邊色相寶

화누각　　백천억나유타수십보련화성　　사천
華樓閣과　百千億那由他數十寶蓮華城과　四天

하미진수중보수림보염마니　　이위기망
下微塵數衆寶樹林寶燄摩尼로　以爲其網하니라

항하사수전단향　　제불언음광염마니　　불
恒河沙數栴檀香인　諸佛言音光燄摩尼와　不

가설백천억나유타수중보원장　　실공위요
可說百千億那由他數衆寶垣牆이　悉共圍遶하야

주변엄식
周徧嚴飾하니라

말할 수 없는 백천억 나유타 수의 열 가지 보배로 된 시라 깃대와, 항하의 모래 수 같은 일체 보배 옷 방울그물 깃대와, 항하의 모래 수 같은 가없는 색상의 보배꽃 누각과, 백천억 나유타 수의 열 가지 보배로 된 연꽃 성곽과 사천하 미진수의 온갖 보배 숲의 보배불꽃 마니로 그 그물이 되었다.

항하의 모래 수 같은 전단향과 모든 부처님의 음성을 내는 광명불꽃 마니와 말할 수 없는 백천억 나유타 수의 온갖 보배 담장들이 다 함께 둘러싸서 두루 두루 장식하였다."

이시　　보현보살　욕중선기의　　승불신
爾時에 普賢菩薩이 欲重宣其義하사 承佛神

력　　관찰시방　이설송언
力하사 觀察十方하고 而說頌言하시니라

차세계중대지상　　유향수해마니엄
此世界中大地上에　有香水海摩尼嚴이어든

청정묘보포기저　　안주금강불가괴
清淨妙寶布其底하야　安住金剛不可壞로다

향장마니적성안　　일염주륜포약운
香藏摩尼積成岸이어든　日㷿珠輪布若雲하며

연화묘보위영락　　처처장엄정무구
蓮華妙寶爲瓔珞하야　處處莊嚴淨無垢로다

그 때에 보현보살이 그 뜻을 거듭 펴려고 부처님의 위신력을 받들어 시방을 관찰하고 게송을 설하여 말씀하였다.

이 세계의 대지 위에
향수해가 있고 마니로 장엄하였는데
청정하고 묘한 보배를 그 바닥에 펴서
금강에 안주하여 깨뜨릴 수 없도다.

향기 머금은 마니가 쌓여 언덕이 되고
햇빛불꽃 진주바퀴가 구름처럼 펼쳐지며
연꽃과 묘한 보배로 영락이 되어
곳곳마다 장엄하여 깨끗하고 때가 없도다.

향수징정구중색
香水澄渟具衆色하고

보화선포방광명
寶華旋布放光明하며

보진음성문원근
普震音聲聞遠近하니

이불위신연묘법
以佛威神演妙法이로다

계폐장엄구중보
階陛莊嚴具衆寶어든

부이마니위간식
復以摩尼爲閒飾하며

주회난순실보성
周迴欄楯悉寶成이어든

연화주망여운포
蓮華珠網如雲布로다

마니보수열성항
摩尼寶樹列成行하야

화예부영광혁혁
華蘂敷榮光赫奕이라

종종악음항경주
種種樂音恒競奏하니

불신통력영여시
佛神通力令如是로다

향수가 맑고 맑아 온갖 색상을 갖추고

보배 꽃이 둘러 펴져 광명을 놓으며

널리 진동하는 음성이 원근에 들리니

부처님의 위신력으로 묘법을 연설하도다.

층계의 장엄은 온갖 보배를 갖추었고

다시 마니로 사이사이 장식하였으며

둘러 있는 난간들도 다 보배로 이루어졌는데

연꽃 진주그물이 구름처럼 펼쳐졌도다.

마니로 된 보배 나무가 줄지어 서있고

꽃들이 만발하여 빛이 혁혁하며

갖가지 음악을 항상 연주하니

부처님의 신통력이 이와 같게 하였도다.

종종묘보분다리
種種妙寶芬陀利가

부포장엄향수해
敷布莊嚴香水海하니

향염광명무잠정
香燄光明無暫停하야

광대원만개충변
廣大圓滿皆充徧이로다

명주보당항치성
明珠寶幢恒熾盛에

묘의수포위엄식
妙衣垂布爲嚴飾이라

마니영망연법음
摩尼鈴網演法音하야

영기문자취불지
令其聞者趣佛智로다

묘보연화작성곽
妙寶蓮華作城郭하니

중채마니소엄영
衆彩摩尼所嚴瑩이며

진주운영포사우
眞珠雲影布四隅하야

여시장엄향수해
如是莊嚴香水海로다

갖가지 묘한 보배로 된 흰 연꽃이
향수해에 펼쳐져 장엄하였으니
향기불꽃광명이 잠시도 멈추지 않아서
광대하고 원만하여 다 가득하도다.

밝은 구슬 보배 깃대가 늘 치성하고
묘한 옷이 드리워 펼쳐져 장식하며
마니방울그물이 법음을 연설하여
그 듣는 이들이 부처님 지혜에 나아가게 하도다.

묘한 보배 연꽃으로 성곽이 되고
온갖 빛깔 마니로 장엄되어 밝으며
진주구름 영상이 사방에 펼쳐져
이와 같이 향수해를 장엄하였도다.

원장요요개주잡
垣牆繚繞皆周帀하고

누각상망포기상
樓閣相望布其上이어든

무량광명항치연
無量光明恒熾然하야

종종장엄청정해
種種莊嚴清淨海로다

비로자나어왕석
毗盧遮那於往昔에

종종찰해개엄정
種種刹海皆嚴淨하시니

여시광대무유변
如是廣大無有邊이

실시여래자재력
悉是如來自在力이로다

이시 보현보살 부고대중언
爾時에 普賢菩薩이 復告大衆言하시니라

제불자 일일향수해 각유사천하미진수
諸佛子야 一一香水海에 各有四天下微塵數

담장이 두루 두루 둘러싸고
누각이 서로 바라보며 그 위에 펼쳐졌는데
한량없는 광명이 늘 치성하여
갖가지로 청정한 바다를 장엄하였도다.

비로자나부처님께서 지난 옛적에
갖가지 세계바다를 다 깨끗이 장엄하시니
이와 같이 광대하고 끝이 없음은
모두 여래의 자재하신 힘이로다.

그 때에 보현보살이 다시 대중들에게 일러

말씀하였다.

"모든 불자들이여, 낱낱 향수해에 각각 사천

향수하　우선위요　　일체개이금강　　위
香水河가 **右旋圍遶**니라 **一切皆以金剛**으로 **爲**

안　　정광마니　이위엄식　　상현제불　보
岸하고 **淨光摩尼**로 **以爲嚴飾**이라 **常現諸佛**의 **寶**

색광운　급제중생　소유언음
色光雲과 **及諸衆生**의 **所有言音**하니라

기하소유선복지처　일체제불　소수인행
其河所有漩澓之處에 **一切諸佛**의 **所修因行**과

종종형상　개종중출　마니위망　중보영
種種形相이 **皆從中出**하며 **摩尼爲網**하고 **衆寶鈴**

탁　제세계해소유장엄　실어중현
鐸이라 **諸世界海所有莊嚴**이 **悉於中現**하니라

마니보운　이부기상　기운　보현화장
摩尼寶雲으로 **以覆其上**하야 **其雲**이 **普現華藏**

세계비로자나　시방화불　급일체불신통지
世界毗盧遮那의 **十方化佛**과 **及一切佛神通之**

하 미진수의 향수하가 있어서 오른쪽으로 돌아 둘러쌌다. 일체가 다 금강으로 언덕이 되고, 청정한 광명의 마니로 장식하였으며, 모든 부처님의 보배색 광명구름과 모든 중생들이 가진 음성을 항상 나타내었다.

그 강이 소용돌이치는 곳에 일체 모든 부처님께서 닦으신 인행과 갖가지 형상이 다 그 가운데서 나오며, 마니로 그물이 되고, 온갖 보배로 풍경이 되고, 모든 세계바다에 있는 장엄이 다 그 가운데서 나타났다.

마니보배구름으로 그 위를 덮었는데, 그 구름이 화장세계의 비로자나부처님께서 시방에

사   부출묘음   칭양삼세불보살명   기
事하고 復出妙音하야 稱揚三世佛菩薩名하며 其

향수중   상출일체보염광운   상속부절
香水中에 常出一切寶燄光雲하야 相續不絶하니라

약광설자   일일하   각유세계해미진수장
若廣說者인댄 一一河에 各有世界海微塵數莊

엄
嚴하니라

이시   보현보살   욕중선기의   승불신
爾時에 普賢菩薩이 欲重宣其義하사 承佛神

력   관찰시방   이설송언
力하사 觀察十方하고 而說頌言하시니라

변화하신 부처님과 그리고 일체 부처님의 신통한 일을 널리 나타내었다. 또 미묘한 음성을 내어 삼세의 부처님과 보살들의 이름을 드날리며, 그 향수 가운데 항상 일체 보배불꽃 광명구름을 내어서 상속하여 끊어지지 아니하였다.

만일 널리 말한다면 낱낱 강에 각각 세계바다 미진수의 장엄이 있다."

그 때에 보현보살이 그 뜻을 거듭 펴려고 부처님의 위신력을 받들어 시방을 관찰하고 게송을 설하여 말씀하였다.

청정향류만대하
清淨香流滿大河하니

금강묘보위기안
金剛妙寶爲其岸하며

보말위륜포기지
寶末爲輪布其地하니

종종엄식개진호
種種嚴飾皆珍好로다

보계항렬묘장엄
寶階行列妙莊嚴하고

난순주회실수려
欄楯周迴悉殊麗하며

진주위장중화식
眞珠爲藏衆華飾하니

종종영만공수하
種種瓔鬘共垂下로다

향수보광청정색
香水寶光淸淨色이

항토마니경질류
恒吐摩尼競疾流어든

중화수랑개요동
衆華隨浪皆搖動하야

실주악음선묘법
悉奏樂音宣妙法이로다

청정한 향수가 흘러 큰 강에 가득하니
금강의 미묘한 보배로 그 언덕이 되고
보배 가루로 바퀴가 되어 그 땅에 펼쳐지니
갖가지 장엄이 다 진기하고 아름답도다.

보배 계단이 줄지어 묘하게 장엄하고
난간이 두루 돌아가면서 모두 수려하며
진주로 새겨넣고 온갖 꽃으로 장식하니
갖가지 영락 화만이 함께 드리웠도다.

향수의 보배광명 청정한 색상이
항상 마니를 내뿜으며 다투어 빨리 흐르는데
온갖 꽃이 물결 따라 다 요동하여
모두 음악을 연주하며 묘법을 선설하도다.

세말전단작니은
細末栴檀作泥坭하니

일체묘보동회복
一切妙寶同洄澓이라

향장분온포재중
香藏氛氳布在中하야

발염유분보주변
發燄流芬普周徧이로다

하중출생제묘보
河中出生諸妙寶하야

실방광명색치연
悉放光明色熾然이어든

기광포영성대좌
其光布影成臺座하니

화개주영개구족
華蓋珠瓔皆具足이로다

마니왕중현불신
摩尼王中現佛身하야

광명보조시방찰
光明普照十方刹이라

이차위륜엄식지
以此爲輪嚴飾地하니

향수영철상영만
香水映徹常盈滿이로다

고운 전단 가루가 앙금이 되고
일체 묘한 보배들이 함께 돌아 흐르는데
향기 어린 기운이 그 가운데 퍼져서
피어나는 불꽃과 흐르는 향기가 널리 두루하도다.

강 속에서 모든 미묘한 보배가 나와서
모두 광명을 놓아 빛이 치성한데
그 광명이 영상을 드리워 좌대가 되니
꽃 일산과 진주 영락이 모두 구족하도다.

마니왕 속에서 부처님 몸을 나타내어
광명이 시방세계를 널리 비추고
이것으로 바퀴가 되어 땅을 장식하니
향수의 빛이 사무쳐서 항상 가득하도다.

마니위망금위탁
摩尼爲網金爲鐸하야

변부향하연불음
徧覆香河演佛音호대

극선일체보리도
克宣一切菩提道와

급이보현지묘행
及以普賢之妙行이로다

보안마니극청정
寶岸摩尼極淸淨하야

항출여래본원음
恒出如來本願音호대

일체제불낭소행
一切諸佛曩所行을

기음보연개령견
其音普演皆令見이로다

기하소유선류처
其河所有漩流處에

보살여운상용출
菩薩如雲常踊出하야

실왕광대찰토중
悉往廣大刹土中하며

내지법계함충만
乃至法界咸充滿이로다

마니로 그물이 되고 금으로 방울이 되어

향하를 두루 덮고 부처님 음성을 내어서

일체 보리도와

보현의 묘한 행을 연설하도다.

보배언덕의 마니가 지극히 청정하여

여래 본원의 음성을 항상 내되

일체 모든 부처님께서 옛적에 행하신 것을

그 소리로 널리 펴서 다 보게 하도다.

그 강이 소용돌이치며 흐르는 곳에

보살들이 구름처럼 늘 솟아 나와서

넓고 큰 세계에 모두 다니며

내지 법계에 다 충만하도다.

청정주왕포약운
清淨珠王布若雲하야

일체향하실미부
一切香河悉彌覆하니

기주등불미간상
其珠等佛眉間相하야

병연현현제불영
炳然顯現諸佛影이로다

이시　보현보살　부고대중언
爾時에 **普賢菩薩**이 **復告大衆言**하시니라

제불자　차제향수하양간지지　실이묘보
諸佛子야 **此諸香水河兩閒之地**를 **悉以妙寶**로

종종장엄　일일각유사천하미진수중보
種種莊嚴하니라 **一一各有四天下微塵數衆寶**

장엄　분다리화　주잡변만　각유사천하
莊嚴인 **芬陀利華**가 **周帀徧滿**하며 **各有四天下**

청정한 구슬왕이 구름처럼 펼쳐져서
일체 향하를 다 두루 덮었는데
그 구슬이 부처님의 미간상 같아서
모든 부처님의 영상을 환하게 나타내도다.

그 때에 보현보살이 다시 대중들에게 일러
말씀하였다.

"모든 불자들이여, 이 모든 향수하의 양쪽
사이에 있는 땅을 모두 미묘한 보배로써 갖가
지로 장엄하였다. 낱낱이 각각 사천하 미진수
의 온갖 보배로 장엄한 흰 연꽃이 두루 가득
하고, 각각 사천하 미진수의 온갖 보배 나무

미진수중보수림　차제항렬
微塵數衆寶樹林이 次第行列이라

일일수중　항출일체제장엄운　마니보왕
一一樹中에 恒出一切諸莊嚴雲하며 摩尼寶王이

조요기간　종종화향　처처영만　기수
照耀其間하며 種種華香이 處處盈滿하며 其樹에

부출미묘음성　설제여래일체겁중소수대
復出微妙音聲하야 說諸如來一切劫中所修大

원
願하니라

부산종종마니보왕　충변기지　소위연
復散種種摩尼寶王하야 充徧其地하니 所謂蓮

화륜마니보왕　향염광운마니보왕　종종
華輪摩尼寶王과 香燄光雲摩尼寶王과 種種

엄식마니보왕　현불가사의장엄색마니보
嚴飾摩尼寶王과 現不可思議莊嚴色摩尼寶

숲이 차례로 줄지어 서있었다.

낱낱 나무 가운데 일체 모든 장엄구름을 항상 내며, 마니보배왕이 그 사이를 밝게 비추고, 갖가지 꽃향기가 곳곳에 가득하며, 그 나무에서 또 미묘한 음성을 내어 모든 여래의 일체 겁 동안 닦으신 큰 서원을 설하였다.

또 갖가지 마니보왕을 흩어서 그 땅에 두루 가득하였다. 이른바 연꽃바퀴 마니보왕과 향불꽃광명구름 마니보왕과 갖가지로 장식한 마니보왕과 불가사의한 장엄 빛을 나타내는 마니보왕과 햇빛 광명 옷창고 마니보왕과 시방에 두루 광명그물구름을 널리 드리워 펼치는

왕　　일광명의장마니보왕　　주변시방보수포
王과 日光明衣藏摩尼寶王과 周徧十方普垂布

광망운마니보왕　　현일체제불신변마니보
光網雲摩尼寶王과 現一切諸佛神變摩尼寶

왕　　현일체중생업보해마니보왕
王과 現一切衆生業報海摩尼寶王이라

여시등　　유세계해미진수　　　기향수하양간
如是等이 有世界海微塵數하니 其香水河兩閒

지지　　일일실구여시장엄
之地에 一一悉具如是莊嚴하나라

이시　　보현보살　　욕중선기의　　　승불신
爾時에 普賢菩薩이 欲重宣其義하사 承佛神

력　　관찰시방　　이설송언
力하사 觀察十方하고 而說頌言하시나라

마니보왕과 일체 모든 부처님의 신통변화를 나타내는 마니보왕과 일체 중생의 업보바다를 나타내는 마니보왕이었다.

이와 같은 것이 세계바다 미진수가 있으니 그 향수하의 양쪽 사이의 땅에 낱낱이 모두 이러한 장엄을 갖추었다."

그 때에 보현보살이 그 뜻을 거듭 펴려고 부처님의 위신력을 받들어 시방을 관찰하고 게송을 설하여 말씀하였다.

기지평탄극청정
其地平坦極淸淨하니

진금마니공엄식
眞金摩尼共嚴飾이요

제수항렬음기중
諸樹行列蔭其中하니

용간수조화약운
聳幹垂條華若雲이로다

지조묘보소장엄
枝條妙寶所莊嚴에

화염성륜광사조
華焰成輪光四照어든

마니위과여운포
摩尼爲果如雲布하야

보사시방상현도
普使十方常現覩로다

마니포지개충만
摩尼布地皆充滿이어든

중화보말공장엄
衆華寶末共莊嚴하고

부이마니작궁전
復以摩尼作宮殿하야

실현중생제영상
悉現衆生諸影像이로다

그 땅이 평탄하고 지극히 청정하니
진금과 마니로 함께 장식하였고
모든 나무가 늘어서서 그 가운데 그늘 지우니
솟은 줄기 드리운 꽃가지가 구름 같도다.

가지들은 미묘한 보배로 장엄되고
꽃불꽃이 바퀴 되어 광명이 사방을 비추는데
마니로 된 과일들이 구름처럼 펼쳐져
널리 시방에서 항상 환히 보게 하도다.

마니가 땅에 널려 다 충만한데
온갖 꽃과 보배가루로 함께 장엄하고
또 마니로 궁전을 지어서
중생들의 모든 영상을 다 나타내도다.

제불영상마니왕
諸佛影像摩尼王을

보산기지미부주
普散其地靡不周하니

여시혁혁변시방
如是赫奕徧十方하야

일일진중함견불
一一塵中咸見佛이로다

묘보장엄선분포
妙寶莊嚴善分布하고

진주등망상간착
眞珠燈網相間錯이어든

처처실유마니륜
處處悉有摩尼輪하야

일일개현불신통
一一皆現佛神通이로다

중보장엄방대광
衆寶莊嚴放大光하고

광중보현제화불
光中普現諸化佛하니

일일주행미불변
一一周行靡不徧하사

실이십력광개연
悉以十力廣開演이로다

모든 부처님의 영상인 마니왕을
그 땅에 널리 흩어 두루하지 않음이 없으니
이와 같이 혁혁하게 시방에 두루하여
낱낱 티끌 속에서 다 부처님을 보도다.

묘한 보배장엄이 잘 널려 있고
진주등불그물이 사이사이 섞였는데
곳곳에 모두 마니바퀴가 있어서
낱낱이 다 부처님의 신통을 나타내도다.

온갖 보배장엄이 큰 광명을 놓고
광명 속에서 모든 화신 부처님을 널리 나타내니
낱낱이 두루 다녀 두루하지 않음이 없어서
모두 열 가지 힘으로 널리 연설하도다.

마니묘보분다리
摩尼妙寶芬陀利가

일체수중함변만
一切水中咸徧滿호대

기화종종각부동
其華種種各不同하야

실현광명무진헐
悉現光明無盡歇이로다

삼세소유제장엄
三世所有諸莊嚴이

마니과중개현현
摩尼果中皆顯現호대

체성무생불가취
體性無生不可取니

차시여래자재력
此是如來自在力이로다

차지일체장엄중
此地一切莊嚴中에

실현여래광대신
悉現如來廣大身호대

피역불래역불거
彼亦不來亦不去니

불석원력개령견
佛昔願力皆令見이로다

마니의 묘한 보배로 된 흰 연꽃이
일체 물속에 다 두루 가득하되
그 꽃이 갖가지로 각각 같지 않아서
모두 광명을 놓아 다함이 없도다.

삼세에 있는 모든 장엄들이
마니 열매 가운데 다 나타나되
체성은 남도 없고 취할 수도 없으니
이것은 여래의 자재하신 힘이로다.

이 땅의 일체 장엄 가운데
다 여래의 광대한 몸을 나타내되
그 또한 오지도 않고 가지도 않으니
부처님의 옛적 원력으로 다 보게 하도다.

차지일일미진중　　　　　　일체불자수행도
此地一一微塵中에　　　　　一切佛子修行道하야

각견소기당래찰　　　　　　수기의락실청정
各見所記當來刹이　　　　　隨其意樂悉淸淨이로다

이시　보현보살　부고대중언
爾時에 普賢菩薩이 復告大衆言하시니라

제불자　제불세존　세계해장엄　불가사의
諸佛子야 諸佛世尊의 世界海莊嚴이 不可思議니

하이고　제불자　차화장장엄세계해　일체
何以故오 諸佛子야 此華藏莊嚴世界海의 一切

경계　일일개이세계해미진수청정공덕지
境界가 一一皆以世界海微塵數淸淨功德之

소장엄
所莊嚴일새니라

이 땅의 낱낱 미진 가운데
일체 불자들이 도를 수행하여
각각 수기 받은 당래 세계가
그 뜻에 즐김을 따라 다 청정함을 보도다.

그 때에 보현보살이 다시 대중들에게 일러 말씀하였다.

"모든 불자들이여, 모든 부처님 세존의 세계 바다 장엄이 불가사의하니, 무슨 까닭인가?

모든 불자들이여, 이 화장장엄세계바다의 일체 경계가 낱낱이 다 세계바다 미진수의 청정한 공덕으로 장엄한 것이다."

이시　보현보살　욕중선기의　　승불신
爾時에 普賢菩薩이 欲重宣其義하사 承佛神

력　　관찰시방　　이설송언
力하사 觀察十方하고 而說頌言하시니라

차찰해중일체처　　실이중보위엄식
此刹海中一切處가 悉以衆寶爲嚴飾이라

발염등공포약운　　광명통철상미부
發燄騰空布若雲하니 光明洞徹常彌覆로다

마니토운무유진　　시방불영어중현
摩尼吐雲無有盡하니 十方佛影於中現이라

신통변화미잠정　　일체보살함래집
神通變化靡暫停하시니 一切菩薩咸來集이로다

그 때에 보현보살이 그 뜻을 거듭 펴려고 부
처님의 위신력을 받들어 시방을 관찰하고 게
송을 설하여 말씀하였다.

이 세계바다 가운데 모든 곳이
다 온갖 보배로 장식되었고
불꽃 일어 허공에 올라 구름처럼 펼쳐지니
광명이 밝게 사무쳐 항상 가득 덮었도다.

마니가 구름을 내어 다함없는데
시방의 부처님 영상이 그 가운데 나타나서
신통 변화가 잠시도 쉬지 않으니
일체 보살들이 다 와서 모였도다.

일체마니연불음
一切摩尼演佛音하니

기음미묘부사의
其音美妙不思議라

비로자나석소행
毗盧遮那昔所行을

어차보내항문견
於此寶內恒聞見이로다

청정광명변조존
淸淨光明徧照尊이

장엄구중개현영
莊嚴具中皆現影호대

변화분신중위요
變化分身衆圍遶하야

일체찰해함주변
一切刹海咸周徧이로다

소유화불개여환
所有化佛皆如幻하시니

구기래처불가득
求其來處不可得이로대

이불경계위신력
以佛境界威神力으로

일체찰중여시현
一切刹中如是現이로다

일체 마니가 부처님의 음성을 내니
그 소리가 미묘하여 부사의함이라
비로자나부처님의 옛적 수행하신 바를
이 보배 안에서 늘 듣고 보도다.

청정한 광명을 두루 비추시는 세존께서
장엄구 가운데 다 영상을 나타내시니
변화하신 분신을 대중들이 둘러싸서
일체 세계바다에 모두 두루하도다.

계시는 화신 부처님이 다 환과 같아서
그 오신 곳을 구하여도 찾을 수 없으나
부처님의 경계와 위신력으로
일체 세계 가운데 이와 같이 나타나셨도다.

여래자재신통사
如來自在神通事가

실변시방제국토
悉徧十方諸國土하시니

이차찰해정장엄
以此刹海淨莊嚴하야

일체개어보중견
一切皆於寶中見이로다

시방소유제변화
十方所有諸變化여

일체개여경중상
一切皆如鏡中像하니

단유여래석소행
但由如來昔所行하야

신통원력이출생
神通願力而出生이로다

약유능수보현행
若有能修普賢行하야

입어보살승지해
入於菩薩勝智海하면

능어일체미진중
能於一切微塵中에

보현기신정중찰
普現其身淨衆刹이로다

여래의 자재하고 신통한 일이
시방의 모든 국토에 다 두루하니
이 세계바다를 청정하게 장엄하여
일체가 다 보배 가운데 나타났도다.

시방에 있는 모든 변화여
일체가 다 거울 가운데 영상과 같으니
다만 여래께서 옛적 수행하신 것을 말미암아
신통과 원력으로 출생하였도다.

만약 능히 보현행을 닦아서
보살의 수승한 지혜바다에 들어가면
능히 일체 미진 가운데
그 몸을 널리 나타내어 온갖 세계를 청정하게 하리라.

불가사의억대겁
不可思議億大劫에

친근일체제여래
親近一切諸如來일새

여기일체지소행
如其一切之所行을

일찰나중실능현
一刹那中悉能現이로다

제불국토여허공
諸佛國土如虛空하야

무등무생무유상
無等無生無有相이어늘

위리중생보엄정
爲利衆生普嚴淨하사

본원력고주기중
本願力故住其中이로다

이시　보현보살　부고대중언
爾時에 普賢菩薩이 復告大衆言하시니라

불가사의한 억 대겁 동안

일체 모든 여래를 친근하셨으니

그와 같이 일체의 행하신 바를

한 찰나에 다 능히 나타내시도다.

모든 부처님의 국토가 허공과 같아서

같음도 없고 남도 없고 형상도 없으나

중생들을 이롭게 하려고 널리 깨끗이 장엄하셔서

본래의 원력으로 그 가운데 머무시도다.

그 때에 보현보살이 다시 대중들에게 일러

말씀하였다.

제불자 차중 유하등세계주   아금당설
諸佛子야 此中에 有何等世界住오 我今當說호리라

제불자   차십불가설불찰미진수향수해
諸佛子야 此十不可說佛刹微塵數香水海

중 유십불가설불찰미진수세계종   안주
中에 有十不可說佛刹微塵數世界種이 安住어든

일일세계종   부유십불가설불찰미진수세
一一世界種에 復有十不可說佛刹微塵數世

계
界하니라

제불자 피제세계종   어세계해중   각각의
諸佛子야 彼諸世界種이 於世界海中에 各各依

주 각각형상   각각체성   각각방소   각
住며 各各形狀이며 各各體性이며 各各方所며 各

각취입   각각장엄   각각분제   각각항
各趣入이며 各各莊嚴이며 各各分齊며 各各行

"모든 불자들이여, 이 가운데 어떠한 세계가 머무르는지를 내가 이제 마땅히 설하리라.

모든 불자들이여, 이 열 가지 말할 수 없는 부처님 세계 미진수의 향수해 가운데 열 가지 말할 수 없는 부처님 세계 미진수의 세계종이 안주해 있는데, 낱낱 세계종에 다시 열 가지 말할 수 없는 부처님 세계 미진수의 세계가 있다.

모든 불자들이여, 그 모든 세계종이 세계바다 가운데서 각각으로 의지하여 머무르며, 각각의 형상이며, 각각의 체성이며, 각각의 방소이며, 각각의 나아가 들어감이며, 각각의 장엄이며, 각각의 분제이며, 각각의 항렬이며, 각각

^렬
列_{이며} ^{각각무차별}各各無差別_{이며} ^{각각력가지}各各力加持_{니라}

^{제불자}諸佛子_야 ^{차세계종}此世界種_이 ^{혹유의대연화해주}或有依大蓮華海住_{하며}

^{혹유의무변색보화해주}或有依無邊色寶華海住_{하며} ^{혹유의일체진주}或有依一切眞珠

^{장보영락해주}藏寶瓔珞海住_{하며} ^{혹유의향수해주}或有依香水海住_{하며} ^{혹유}或有

^{의일체화해주}依一切華海住_{하니라}

^{혹유의마니보망해주}或有依摩尼寶網海住_{하며} ^{혹유의선류광해}或有依漩流光海

^주住_{하며} ^{혹유의보살보장엄관해주}或有依菩薩寶莊嚴冠海住_{하며} ^{혹유의}或有依

의 차별없음이며, 각각의 힘으로 가지함이다.

　모든 불자들이여, 이 세계종이 혹 어떤 것은 큰 연꽃바다를 의지하여 머무르며, 혹은 가없는 빛의 보배꽃바다를 의지하여 머무르며, 혹은 일체 진주 창고인 보배영락바다를 의지하여 머무르며, 혹은 향수바다를 의지하여 머무르며, 혹은 일체 꽃바다를 의지하여 머무른다.
　혹은 마니보배 그물바다를 의지하여 머무르며, 혹은 소용돌이치고 흐르는 광명바다를 의지하여 머무르며, 혹은 보살의 보배로 장엄한 보관바다를 의지하여 머무르며, 혹은 갖가지

종종중생신해주　혹유의일체불음성마니
種種衆生身海住하며 或有依一切佛音聲摩尼

왕해주
王海住하니라

여시등　약광설자　유세계해미진수
如是等을 若廣說者인댄 有世界海微塵數하니라

제불자　피일체세계종　혹유작수미산형
諸佛子야 彼一切世界種이 或有作須彌山形하며

혹작강하형　혹작회전형　혹작선류형
或作江河形하며 或作迴轉形하며 或作漩流形하며

혹작윤망형　혹작단선형
或作輪輞形하며 或作壇墠形하니라

중생들의 몸바다를 의지하여 머무르며, 혹은 일체 부처님의 음성을 내는 마니왕바다를 의지하여 머무른다.

이와 같은 것을 만약 널리 말하면 세계바다 미진수가 있다.

모든 불자들이여, 저 일체 세계종이 혹 어떤 것은 수미산의 형상을 지으며, 혹은 강하의 형상을 지으며, 혹은 회전하는 형상을 지으며, 혹은 소용돌이치며 흐르는 형상을 지으며, 혹은 바퀴테의 형상을 지으며, 혹은 제단의 형상을 지었다.

혹작수림형　　　혹작누각형　　　혹작산당형
或作樹林形하며　**或作樓閣形**하며　**或作山幢形**하며

혹작보방형　　　혹작태장형　　　혹작연화형
或作普方形하며　**或作胎藏形**하며　**或作蓮華形**하며

혹작거륵가형
或作佉勒迦形하니라

혹작중생신형　　　혹작운형　　　혹작제불상
或作衆生身形하며　**或作雲形**하며　**或作諸佛相**

호형　　　혹작원만광명형　　　혹작종종주망
好形하며　**或作圓滿光明形**하며　**或作種種珠網**

형　　　혹작일체문달형　　　혹작제장엄구
形하며　**或作一切門闥形**하며　**或作諸莊嚴具**

형
形하니라

여시등　약광설자　유세계해미진수
如是等을　**若廣說者**인댄　**有世界海微塵數**하니라

혹은 나무숲의 형상을 지으며, 혹은 누각의 형상을 지으며, 혹은 산과 깃대의 형상을 지으며, 혹은 넓고 모난 형상을 지으며, 혹은 태속의 형상을 지으며, 혹은 연꽃의 형상을 지으며, 혹은 대그릇의 형상을 지었다.

혹은 중생 몸의 형상을 지으며, 혹은 구름의 형상을 지으며, 혹은 모든 부처님 상호의 형상을 지으며, 혹은 원만한 광명의 형상을 지으며, 혹은 갖가지 구슬그물의 형상을 지으며, 혹은 일체 문의 형상을 지으며, 혹은 모든 장엄구의 형상을 지었다. 이와 같은 것을 만약 널리 말하면 세계바다 미진수가 있다.

제불자   피일체세계종   혹유이시방마니운
諸佛子야 彼一切世界種이 或有以十方摩尼雲

위체   혹유이중색염위체   혹유이제광
爲體하며 或有以衆色燄爲體하며 或有以諸光

명위체   혹유이보향염위체   혹유이일
明爲體하며 或有以寶香燄爲體하며 或有以一

체보장엄다라화위체
切寶莊嚴多羅華爲體하니라

혹유이보살영상위체   혹유이제불광명위
或有以菩薩影像爲體하며 或有以諸佛光明爲

체   혹유이불색상위체   혹유이일보광위
體하며 或有以佛色相爲體하며 或有以一寶光爲

체   혹유이중보광위체
體하며 或有以衆寶光爲體하니라

혹유이일체중생복덕해음성위체   혹유이
或有以一切衆生福德海音聲爲體하며 或有以

모든 불자들이여, 그 일체 세계종이 혹 어떤 것은 시방의 마니 구름으로 체성이 되며, 혹은 온갖 색의 불꽃으로 체성이 되며, 혹은 모든 광명으로 체성이 되며, 혹은 보배향불꽃으로 체성이 되며, 혹은 일체 보배로 장엄한 다라꽃으로 체성이 되었다.

혹은 보살의 영상으로 체성이 되며, 혹은 모든 부처님의 광명으로 체성이 되며, 혹은 부처님의 색상으로 체성이 되며, 혹은 한 보배의 광명으로 체성이 되며, 혹은 온갖 보배의 광명으로 체성이 되었다.

혹은 일체 중생의 복덕바다 음성으로 체성이

일체중생제업해음성위체　혹유이일체불
一切衆生諸業海音聲爲體하며 或有以一切佛

경계청정음성위체　혹유이일체보살대원
境界淸淨音聲爲體하며 或有以一切菩薩大願

해음성위체　혹유이일체불방편음성위
海音聲爲體하며 或有以一切佛方便音聲爲

체
體하나라

혹유이일체찰장엄구성괴음성위체　혹유
或有以一切刹莊嚴具成壞音聲爲體하며 或有

이무변불음성위체　혹유이일체불변화음
以無邊佛音聲爲體하며 或有以一切佛變化音

성위체　혹유이일체중생선음성위체　혹
聲爲體하며 或有以一切衆生善音聲爲體하며 或

유이일체불공덕해청정음성위체
有以一切佛功德海淸淨音聲爲體하나라

되며, 혹은 일체 중생의 모든 업바다 음성으로 체성이 되며, 혹은 일체 부처님 경계의 청정한 음성으로 체성이 되며, 혹은 일체 보살의 큰 서원바다 음성으로 체성이 되며, 혹은 일체 부처님의 방편 음성으로 체성이 되었다.

혹은 일체 세계의 장엄구가 이루어지고 무너지는 음성으로 체성이 되며, 혹은 가없는 부처님의 음성으로 체성이 되며, 혹은 일체 부처님의 변화하는 음성으로 체성이 되며, 혹은 일체 중생의 선한 음성으로 체성이 되며, 혹은 일체 부처님 공덕바다의 청정한 음성으로 체성이 되었다.

여시등　약광설자　　유세계해미진수
如是等을 若廣說者인댄 有世界海微塵數하니라

이시　　보현보살　욕중선기의　　승불신
爾時에 普賢菩薩이 欲重宣其義하사 承佛神

력　　관찰시방　　이설송언
力하사 觀察十方하고 而說頌言하시니라

찰종견고묘장엄　　　광대청정광명장
刹種堅固妙莊嚴이여　廣大淸淨光明藏이

의지연화보해주　　혹유주어향해등
依止蓮華寶海住하며 或有住於香海等이로다

이와 같은 것을 만약 널리 말하면 세계바다 미진수가 있다."

그 때에 보현보살이 그 뜻을 거듭 펴려고 부처님의 위신력을 받들어 시방을 관찰하고 게송을 설하여 말씀하였다.

세계종의 견고하고 묘한 장엄이여
광대하고 청정한 광명 창고가
연꽃 보배바다를 의지하여 머무르며
혹은 향수해 등에 머무르도다.

수미성수단선형
須彌城樹壇墠形인

일체찰종변시방
一切刹種徧十方이어든

종종장엄형상별
種種莊嚴形相別하야

각각포열이안주
各各布列而安住로다

혹유체시정광명
或有體是淨光明이요

혹시화장급보운
或是華藏及寶雲이며

혹유찰종염소성
或有刹種燄所成이라

안주마니불괴장
安住摩尼不壞藏이로다

등운염채광명등
燈雲燄彩光明等이여

종종무변청정색
種種無邊淸淨色이며

혹유언음이위체
或有言音以爲體하니

시불소연부사의
是佛所演不思議로다

수미산과 성과 나무와 제단의 형상인
일체 세계종이 시방에 두루한데
갖가지 장엄과 형상이 달라서
각각 줄을 지어 안주하였도다.

혹 어떤 것은 체성이 청정한 광명이고
혹은 꽃 창고와 보배구름이며
혹 어떤 세계종은 불꽃으로 이루어져
마니의 무너지지 않는 창고에 안주하였도다.

등불구름과 불꽃채색 광명들이며
갖가지 가없는 청정한 색이며
혹은 음성으로 체성이 되었으니
이것은 부처님께서 연설하신 부사의로다.

혹 시 원 력 소 출 음
或是願力所出音과

신 변 음 성 위 체 성
神變音聲爲體性하니

일 체 중 생 대 복 업
一切衆生大福業과

불 공 덕 음 역 여 시
佛功德音亦如是로다

찰 종 일 일 차 별 문
刹種一一差別門이

불 가 사 의 무 유 진
不可思議無有盡이라

여 시 시 방 개 변 만
如是十方皆徧滿하니

광 대 장 엄 현 신 력
廣大莊嚴現神力이로다

시 방 소 유 광 대 찰
十方所有廣大刹이

실 래 입 차 세 계 종
悉來入此世界種하니

수 견 시 방 보 입 중
雖見十方普入中이나

이 실 무 래 무 소 입
而實無來無所入이로다

혹은 원력으로 나온 음성과

신통 변화의 음성으로 체성이 되니

일체 중생의 큰 복업과

부처님의 공덕 음성도 이와 같도다.

세계종의 낱낱 차별한 문이

불가사의하여 다함이 없음이라

이와 같이 시방에 다 두루 가득하니

광대한 장엄이 신통력으로 나타났도다.

시방에 있는 광대한 세계가

모두 이 세계종에 들어오니

비록 시방이 그 가운데 들어옴을 보나

실제로는 옴도 없고 들어간 바도 없도다.

이일찰종입일체
以一刹種入一切하며

일체입일역무여
一切入一亦無餘하니

체상여본무차별
體相如本無差別이라

무등무량실주변
無等無量悉周徧이로다

일체국토미진중
一切國土微塵中에

보견여래재기소
普見如來在其所하사

원해언음약뢰진
願海言音若雷震하야

일체중생실조복
一切衆生悉調伏이로다

불신주변일체찰
佛身周徧一切刹하시며

무수보살역충만
無數菩薩亦充滿하니

여래자재무등륜
如來自在無等倫하사

보화일체제함식
普化一切諸含識이로다

한 세계종이 일체에 들어가며
일체가 하나에 들어가도 남음이 없으니
체상은 본래대로 차별이 없으며
같음 없고 한량없어 다 두루하도다.

일체 국토의 미진 가운데
여래께서 그곳에 계심을 널리 보니
원력바다의 말씀 소리가 우레와 같아서
일체 중생을 다 조복하시도다.

부처님 몸은 일체 세계에 두루하시며
수없는 보살들도 또한 충만하니
여래의 자재하심이 같을 이 없어서
일체 모든 중생들을 널리 교화하시도다.

이시　보현보살　부고대중언
爾時에 普賢菩薩이 復告大衆言하시니라

제불자　차십불가설불찰미진수향수해　재
諸佛子야 此十不可說佛刹微塵數香水海가 在

화장장엄세계해중　　여천제망　　분포이
華藏莊嚴世界海中호대 如天帝網하야 分布而

주
住하니라

제불자　차최중앙향수해　명무변묘화광
諸佛子야 此最中央香水海가 名無邊妙華光이라

이현일체보살형마니왕당　　위저　　출대
以現一切菩薩形摩尼王幢으로 爲底하고 出大

연화　　명일체향마니왕장엄
蓮華하니 名一切香摩尼王莊嚴이니라

그 때에 보현보살이 다시 대중들에게 일러 말씀하였다.

"모든 불자들이여, 이 열 가지 말할 수 없는 부처님 세계 미진수의 향수해가 화장장엄세계 바다 가운데 제석천의 그물같이 분포하여 머물러 있다.

모든 불자들이여, 이 가장 중앙의 향수해는 이름이 무변묘화광이다. 일체 보살의 형상을 나타내는 마니왕깃대로 바닥이 되었고, 큰 연꽃이 피어났으니 이름이 일체향마니왕장엄이다.

유세계종　　이주기상　　　명보조시방치연보
有世界種이 **而住其上**하니 **名普照十方熾然寶**

광명　　　이일체장엄구　　위체　　　유불가설불
光明이라 **以一切莊嚴具**로 **爲體**하야 **有不可說佛**

찰미진수세계　　어중포열
刹微塵數世界가 **於中布列**하니라

기최하방　　유세계　　　명최승광변조　　이일
其最下方에 **有世界**하니 **名最勝光徧照**라 **以一**

체금강장엄광요륜　　　위제　　　의중보마니
切金剛莊嚴光耀輪으로 **爲際**하고 **依衆寶摩尼**

화이주　　기상　　유여마니보형　　　일체보
華而住하니 **其狀**이 **猶如摩尼寶形**하야 **一切寶**

화장엄운　　미부기상
華莊嚴雲으로 **彌覆其上**하니라

세계종이 그 위에 머물러 있으니 이름이 보조시방치연보광명이다. 일체 장엄구로 체성이 되어서 말할 수 없는 부처님 세계 미진수의 세계가 그 가운데 펼쳐져 있다.

그 가장 아래쪽에 세계가 있으니 이름이 최승광변조이다. 일체 금강으로 장엄하여 광명이 빛나는 바퀴로 가장자리가 되고 온갖 보배 마니 꽃을 의지하여 머무르며, 그 형상은 마치 마니보배 모양과 같고, 일체 보배 꽃으로 장엄한 구름이 그 위를 가득 덮었다.

불찰미진수세계　　주잡위요　　　종종안주
佛刹微塵數世界가　周帀圍遶하야　種種安住하며

종종장엄　　불호　정안이구등
種種莊嚴하니　佛号는　淨眼離垢燈이시니라

차상　　과불찰미진수세계　　　유세계　　명종
此上에　過佛刹微塵數世界하야　有世界하니　名種

종향연화묘장엄　　　이일체장엄구　　위제
種香蓮華妙莊嚴이라　以一切莊嚴具로　爲際하고

의보련화망이주　　기상　유여사자지좌
依寶蓮華網而住하니　其狀이　猶如師子之座하야

일체보색주장운　　미부기상
一切寶色珠帳雲으로　彌覆其上하니라

이불찰미진수세계　　주잡위요　　불호　사
二佛刹微塵數世界가　周帀圍遶하니　佛号는　師

부처님 세계 미진수의 세계가 두루 둘러싸서 갖가지로 안주하고 갖가지로 장엄하였으며, 부처님 명호는 정안이구등이시다.

이 위에 부처님 세계 미진수의 세계를 지나서 세계가 있으니 이름이 종종향연화묘장엄이다. 일체 장엄구로 가장자리가 되고 보배연꽃 그물을 의지하여 머무르며, 그 형상은 마치 사자좌와 같고, 일체 보배색 구슬휘장구름으로 그 위를 덮었다.

두 부처님 세계 미진수의 세계가 두루 둘러

자광승조
子光勝照이시니라

차상　　과불찰미진수세계　　유세계　　　명일
此上에 過佛刹微塵數世界하야 有世界하니 名一

체보장엄보조광　　　이향풍륜　　　위제　　　의
切寶莊嚴普照光이라 以香風輪으로 爲際하고 依

종종보화영락주　　기형　　팔우　　묘광마니
種種寶華瓔珞住하니 其形이 八隅라 妙光摩尼

일륜운　　이부기상
日輪雲으로 而覆其上하나니라

삼불찰미진수세계　　주잡위요　　　불호　　정
三佛刹微塵數世界가 周帀圍遶하니 佛号는 淨

광지승당
光智勝幢이시니라

쌌으며, 부처님 명호는 사자광승조이시다.

이 위에 부처님 세계 미진수의 세계를 지나서 세계가 있으니 이름이 일체보장엄보조광이다. 향기 나는 풍륜으로 가장자리가 되고, 갖가지 보배 꽃 영락을 의지하여 머무르며, 그 형상은 팔모이고, 묘한 빛 마니 햇빛 구름으로 그 위를 덮었다.

세 부처님 세계 미진수의 세계가 두루 둘러쌌으며, 부처님의 명호는 정광지승당이시다.

차상   과불찰미진수세계   유세계   명종
此上에 過佛刹微塵數世界하야 有世界하니 名種

종광명화장엄   이일체보왕   위제   의
種光明華藏嚴이라 以一切寶王으로 爲際하고 依

중색금강시라당해주   기상   유여마니연
衆色金剛尸羅幢海住하니 其狀이 猶如摩尼蓮

화   이금강마니보광운   이부기상
華하야 以金剛摩尼寶光雲으로 而覆其上하니라

사불찰미진수세계   주잡위요   순일청
四佛刹微塵數世界가 周帀圍遶하야 純一淸

정   불호   금강광명무량정진력선출현
淨하니 佛号는 金剛光明無量精進力善出現이시니라

차상   과불찰미진수세계   유세계   명보
此上에 過佛刹微塵數世界하야 有世界하니 名普

이 위에 부처님 세계 미진수의 세계를 지나서 세계가 있으니 이름이 종종광명화장엄이다. 일체 보배왕으로 가장자리가 되고 온갖 색의 금강시라 깃대바다를 의지하여 머무르며, 그 형상은 마치 마니 연꽃과 같고, 금강 마니 보배 광명구름으로 그 위를 덮었다.

네 부처님 세계 미진수의 세계가 두루 둘러싸서 순일하게 청정하며, 부처님 명호는 금강광명무량정진력선출현이시다.

이 위에 부처님 세계 미진수의 세계를 지나서 세계가 있으니 이름이 보방묘화광이다. 일

방묘화광 　　이일체보령장엄망 　　위제
放妙華光이라 以一切寶鈴莊嚴網으로 爲際하고

의일체수림장엄보륜망해주 　　기형 　보방
依一切樹林莊嚴寶輪網海住하니 其形이 普方

이다유우각 　　범음마니왕운 　　이부기상
而多有隅角이라 梵音摩尼王雲으로 以覆其上하니라

오불찰미진수세계 　주잡위요 　　불호 　향
五佛剎微塵數世界가 周帀圍遶하니 佛号는 香

광희력해
光喜力海이시니라

차상 　과불찰미진수세계 　유세계 　명정
此上에 過佛剎微塵數世界하야 有世界하니 名淨

묘광명 　이보왕장엄당 　위제 　의금강
妙光明이라 以寶王莊嚴幢으로 爲際하고 依金剛

체 보배 방울이 장엄된 그물로 가장자리가 되고, 일체 나무숲으로 장엄된 보배바퀴 그물바다를 의지하여 머무르며, 그 형상은 넓고 모나서 모퉁이가 많이 있으며, 범천의 음성 마니왕 구름으로 그 위를 덮었다.

다섯 부처님 세계 미진수의 세계가 두루 둘러쌌으며, 부처님 명호는 향광희력해이시다.

이 위에 부처님 세계 미진수의 세계를 지나서 세계가 있으니 이름이 정묘광명이다. 보배왕장엄깃대로 가장자리가 되고, 금강궁전바

궁전해주　　기형　　사방　　마니륜계장운
宮殿海住하니 其形이 四方이라 摩尼輪髻帳雲으로

이부기상
而覆其上하니라

육불찰미진수세계　　주잡위요　　불호　　보
六佛刹微塵數世界가 周帀圍遶하니 佛号는 普

광자재당
光自在幢이시니라

차상　　과불찰미진수세계　　유세계　　명중
此上에 過佛刹微塵數世界하야 有世界하니 名衆

화염장엄　　이종종화장엄　　위제　　의일
華燄莊嚴이라 以種種華莊嚴으로 爲際하고 依一

체보색염해주　　기상　　유여누각지형
切寶色燄海住하니 其狀이 猶如樓閣之形하야

다를 의지하여 머무르며, 그 형상은 네모이고, 마니바퀴 상투 휘장 구름으로 그 위를 덮었다.

여섯 부처님 세계 미진수의 세계가 두루 둘러쌌으며, 부처님 명호는 보광자재당이시다.

이 위에 부처님 세계 미진수의 세계를 지나서 세계가 있으니 이름이 중화염장엄이다. 갖가지 꽃장엄으로 가장자리가 되고, 일체 보배색 불꽃바다를 의지하여 머무르며, 그 형상은 마치 누각 모양과 같고, 일체 보배색

일체보색의진주난순운　　이부기상
一切寶色衣眞珠欄楯雲으로 而覆其上하니라

칠불찰미진수세계　　주잡위요　　순일청
七佛刹微塵數世界가 周帀圍遶하야 純一淸

정　　불호　환희해공덕명칭자재광
淨하니 佛号는 歡喜海功德名稱自在光이시니라

차상　　과불찰미진수세계　　유세계　　명출
此上에 過佛刹微塵數世界하야 有世界하니 名出

생위력지　이출일체성마니왕장엄　　위제
生威力地라 以出一切聲摩尼王莊嚴으로 爲際하고

의종종보색연화좌허공해주　　기상　　유여
依種種寶色蓮華座虛空海住하니 其狀이 猶如

인다라망　이무변색화망운　　이부기상
因陀羅網하야 以無邊色華網雲으로 而覆其上하니라

옷 진주난간구름으로 그 위를 덮었다.

일곱 부처님 세계 미진수의 세계가 두루 둘러싸고 순일하게 청정하며, 부처님 명호는 환희해공덕명칭자재광이시다.

이 위에 부처님 세계 미진수의 세계를 지나서 세계가 있으니 이름이 출생위력지이다. 일체 소리를 내는 마니왕 장엄으로 가장자리가 되고, 갖가지 보배색 연화좌 허공바다를 의지하여 머무르며, 그 형상은 마치 인다라 그물과 같고, 가없는 색의 꽃그물구름으로 그 위를 덮었다.

팔 불 찰 미 진 수 세 계　　주 잡 위 요　　　불 호　　광
八佛刹微塵數世界가 周帀圍遶하니 佛号는 廣

대 명 칭 지 해 당
大名稱智海幢이시니라

차 상　　과 불 찰 미 진 수 세 계　　　유 세 계　　　명 출
此上에 過佛刹微塵數世界하야 有世界하니 名出

묘 음 성　　　이 심 왕 마 니 장 엄 륜　　　위 제　　　의
妙音聲이라 以心王摩尼莊嚴輪으로 爲際하고 依

항 출 일 체 묘 음 성 장 엄 운 마 니 왕 해 주　　　기
恒出一切妙音聲莊嚴雲摩尼王海住하니 其

상　　유 여 범 천 신 형　　　무 량 보 장 엄 사 자 좌
狀이 猶如梵天身形하야 無量寶莊嚴師子座

운　　　이 부 기 상
雲으로 而覆其上하니라

여덟 부처님 세계 미진수의 세계가 두루 둘러쌌으며, 부처님 명호는 광대명칭지해당이시다.

이 위에 부처님 세계 미진수의 세계를 지나서 세계가 있으니 이름이 출묘음성이다. 심왕마니로 장엄한 바퀴로 가장자리가 되고, 항상 일체 묘한 음성을 내는 장엄구름 마니왕바다를 의지하여 머무르며, 그 형상은 마치 범천의 몸 모양과 같고, 한량없는 보배로 장엄한 사자좌구름으로 그 위를 덮었다.

구불찰미진수세계　　주잡위요　　　불호　　청
九佛刹微塵數世界가 周帀圍遶하니 佛号는 清

정월광명상무능최복
淨月光明相無能摧伏이시니라

차상　　과불찰미진수세계　　　유세계　　　명금
此上에 過佛刹微塵數世界하야 有世界하니 名金

강당　　이무변장엄진주장보영락　　　위제
剛幢이라 以無邊莊嚴眞珠藏寶瓔珞으로 爲際하고

의일체장엄보사자좌마니해주　　기상　　주
依一切莊嚴寶師子座摩尼海住하니 其狀이 周

원　　　십수미산미진수일체향마니화수미
圓이라 十須彌山微塵數一切香摩尼華須彌

운　　미부기상
雲으로 彌覆其上하니라

아홉 부처님 세계 미진수의 세계가 두루 둘러쌌으며, 부처님 명호는 청정월광명상무능최복이시다.

이 위에 부처님 세계 미진수의 세계를 지나서 세계가 있으니 이름이 금강당이다. 가없이 장엄한 진주창고 보배 영락으로 가장자리가 되고, 일체 장엄 보배사자좌 마니바다를 의지하여 머무르며, 그 형상은 두루 둥글고, 열 수미산 미진수의 일체 향마니꽃 수미구름으로 그 위를 가득 덮었다.

십불찰미진수세계　　주잡위요　　　순일청
十佛刹微塵數世界가 **周帀圍遶**하야 **純一清**

정　　　불호　일체법해최승왕
淨하니 **佛号**는 **一切法海最勝王**이시니라

차상　　과불찰미진수세계　　　유세계　　　명
此上에 **過佛刹微塵數世界**하야 **有世界**하니 **名**

항출현제청보광명　　　이극견뇌불가괴금
恒出現帝青寶光明이라 **以極堅牢不可壞金**

강장엄　　위제　　의종종수이화해주　　기
剛莊嚴으로 **爲際**하고 **依種種殊異華海住**하니 **其**

상　유여반월지형　　제천보장운　　이부
狀이 **猶如半月之形**하야 **諸天寶帳雲**으로 **而覆**

기상
其上하니라

열 부처님 세계 미진수의 세계가 두루 둘러싸서 순일하게 청정하며, 부처님의 명호는 일체법해최승왕이시다.

이 위에 부처님 세계 미진수의 세계를 지나서 세계가 있으니 이름이 항출현제청보광명이다. 지극히 견고하여 깨뜨릴 수 없는 금강장엄으로 가장자리가 되고, 갖가지 다른 꽃 바다를 의지하여 머무르며, 그 형상은 마치 반달 모양과 같고, 모든 하늘 보배 휘장구름으로 그 위를 덮었다.

십일불찰미진수세계　　주잡위요　　불호
十一佛刹微塵數世界가 **周帀圍遶**하니 **佛号**는

무량공덕법
無量功德法이시니라

차상　　과불찰미진수세계　　유세계　　명광
此上에 **過佛刹微塵數世界**하야 **有世界**하니 **名光**

명조요　　이보광장엄　　위제　　의화선향수
明照耀라 **以普光莊嚴**으로 **爲際**하고 **依華旋香水**

해주　　상여화선　　종종의운　　이부기상
海住하니 **狀如華旋**이라 **種種衣雲**으로 **而覆其上**하니라

십이불찰미진수세계　　주잡위요　　불호
十二佛刹微塵數世界가 **周帀圍遶**하니 **佛号**는

초석범
超釋梵이시니라

열한 부처님 세계 미진수의 세계가 두루 둘러쌌으며, 부처님 명호는 무량공덕법이시다.

이 위에 부처님 세계 미진수의 세계를 지나서 세계가 있으니 이름이 광명조요이다. 널리 빛나는 장엄으로 가장자리가 되고, 꽃으로 둘린 향수해를 의지하여 머무르며, 형상은 꽃으로 두른 것과 같고, 갖가지 옷구름으로 그 위를 덮었다.

열두 부처님 세계 미진수의 세계가 두루 둘러쌌으며, 부처님 명호는 초석범이시다.

차상   과불찰미진수세계   지차세계
此上에 過佛刹微塵數世界하야 至此世界하니

명사바   이금강장엄   위제   의종종색
名娑婆라 以金剛莊嚴으로 爲際하고 依種種色

풍륜소지연화망주   상여허공   이보원
風輪所持蓮華網住하니 狀如虛空이라 以普圓

만천궁전장엄허공운   이부기상
滿天宮殿莊嚴虛空雲으로 而覆其上하니라

십삼불찰미진수세계   주잡위요   기불
十三佛刹微塵數世界가 周帀圍遶하니 其佛은

즉시비로자나여래세존
卽是毘盧遮那如來世尊이시니라

차상   과불찰미진수세계   유세계   명적
此上에 過佛刹微塵數世界하야 有世界하니 名寂

이 위에 부처님 세계 미진수의 세계를 지나
서 이 세계에 이르니 이름이 사바이다. 금강
장엄으로 가장자리가 되고, 갖가지 색의 풍
륜이 유지하는 연꽃그물을 의지하여 머무르
며, 형상은 허공과 같고, 널리 원만한 하늘
궁전으로 장엄한 허공구름으로 그 위를 덮
었다.

열세 부처님 세계 미진수의 세계가 두루 둘
러쌌으며, 그 부처님은 곧 비로자나여래세존
이시다.

이 위에 부처님 세계 미진수의 세계를 지나

정이진광　　이일체보장엄　　위제　　의종
靜離塵光이라 **以一切寶莊嚴**으로 **爲際**하고 **依種**

종보의해주　　기상　유여집금강형　　무
種寶衣海住하니 **其狀**이 **猶如執金剛形**하야 **無**

변색금강운　　이부기상
邊色金剛雲으로 **而覆其上**하니라

십사불찰미진수세계　　주잡위요　　불호
十四佛刹微塵數世界가 **周帀圍遶**하니 **佛号**는

변법계승음
徧法界勝音이시니라

차상　과불찰미진수세계　　유세계　　명중
此上에 **過佛刹微塵數世界**하야 **有世界**하니 **名衆**

묘광명등　　이일체장엄장　　위제　　의정
妙光明燈이라 **以一切莊嚴帳**으로 **爲際**하고 **依淨**

서 세계가 있으니 이름이 적정이진광이다. 일체 보배 장엄으로 가장자리가 되고, 갖가지 보배 옷바다를 의지하여 머무르며, 그 형상은 마치 집금강의 모양과 같고, 가없는 색의 금강구름으로 그 위를 덮었다.

열네 부처님 세계 미진수의 세계가 두루 둘러쌌으며, 부처님 명호는 변법계승음이시다.

이 위에 부처님 세계 미진수의 세계를 지나서 세계가 있으니 이름이 중묘광명등이다. 일체 장엄휘장으로 가장자리가 되고, 청정한 꽃그물바다를 의지하여 머무르며, 그 형상은 마

화 망 해 주　　　기 상　　　유 여 만 자 지 형　　　마 니
華網海住하니 其狀이 猶如卐字之形하야 摩尼

수 향 수 해 운　　　이 부 기 상
樹香水海雲으로 而覆其上하니라

십 오 불 찰 미 진 수 세 계　　　주 잡 위 요　　　순 일 청
十五佛刹微塵數世界가 周帀圍遶하야 純一淸

정　　　불 호　　　불 가 최 복 력 보 조 당
淨하니 佛号는 不可摧伏力普照幢이시니라

차 상　　　과 불 찰 미 진 수 세 계　　　유 세 계　　　명 청
此上에 過佛刹微塵數世界하야 有世界하니 名淸

정 광 변 조　　　이 무 진 보 운 마 니 왕　　　위 제
淨光徧照라 以無盡寶雲摩尼王으로 爲際하고

의 종 종 향 염 연 화 해 주　　　기 상　　　유 여 귀 갑 지
依種種香燄蓮華海住하니 其狀이 猶如龜甲之

치 만(卐) 자의 모양과 같고, 마니나무 향수해

구름으로 그 위를 덮었다.

열다섯 부처님 세계 미진수의 세계가 두루

둘러싸서 순일하게 청정하며, 부처님 명호는

불가최복력보조당이시다.

이 위에 부처님 세계 미진수의 세계를 지나

서 세계가 있으니 이름이 청정광변조이다. 다

함없는 보배구름 마니왕으로 가장자리가 되

고, 갖가지 향기불꽃 연꽃바다를 의지하여 머

무르며, 그 형상은 마치 거북의 껍질 모양과

같고, 둥근 빛 마니바퀴 전단구름으로 그 위

형　　원광마니륜전단운　　이부기상
形하야 圓光摩尼輪栴檀雲으로 而覆其上하니라

십육불찰미진수세계　　주잡위요　　불호
十六佛刹微塵數世界가 周帀圍遶하니 佛号는

청정일공덕안
淸淨日功德眼이시니라

차상　　과불찰미진수세계　　유세계　　명보
此上에 過佛刹微塵數世界하야 有世界하니 名寶

장엄장　　이일체중생형마니왕　　위제
莊嚴藏이라 以一切衆生形摩尼王으로 爲際하고

의광명장마니왕해주　　기형　　팔우　　이일
依光明藏摩尼王海住하니 其形이 八隅라 以一

체윤위산보장엄화수망　　미부기상
切輪圍山寶莊嚴華樹網으로 彌覆其上하니라

를 덮었다.

열여섯 부처님 세계 미진수의 세계가 두루 둘러쌌으며, 부처님 명호는 청정일공덕안이시다.

이 위에 부처님 세계 미진수의 세계를 지나서 세계가 있으니 이름은 보장엄장이다. 일체 중생 형상인 마니왕으로 가장자리가 되고, 광명창고 마니왕바다를 의지하여 머무르며, 그 형상은 팔모이고, 일체 윤위산 보배로 장엄한 꽃나무그물로 그 위를 가득 덮었다.

십 칠 불 찰 미 진 수 세 계　　주 잡 위 요　　　불 호
十七佛刹微塵數世界가　周帀圍遶하니　佛号는

무 애 지 광 명 변 조 시 방
無礙智光明徧照十方이시니라

차 상　　과 불 찰 미 진 수 세 계　　유 세 계　　명 이
此上에　過佛刹微塵數世界하야　有世界하니　名離

진　　이 일 체 수 묘 상 장 엄　　위 제　　의 중 묘
塵이라　以一切殊妙相莊嚴으로　爲際하고　依衆妙

화 사 자 좌 해 주　　상 여 주 영　　이 일 체 보 향
華師子座海住하니　狀如珠瓔이라　以一切寶香

마 니 왕 원 광 운　　이 부 기 상
摩尼王圓光雲으로　而覆其上하니라

십 팔 불 찰 미 진 수 세 계　　주 잡 위 요　　순 일 청
十八佛刹微塵數世界가　周帀圍遶하야　純一淸

열일곱 부처님 세계 미진수의 세계가 두루 둘러쌌으며, 부처님 명호는 무애지광명변조시방이시다.

이 위에 부처님 세계 미진수의 세계를 지나서 세계가 있으니 이름이 이진이다. 일체 수승하고 묘한 형상의 장엄으로 가장자리가 되고, 온갖 묘한 꽃 사자좌바다를 의지하여 머무르며, 형상은 진주영락과 같고, 일체 보배향 마니왕 둥근 빛구름으로 그 위를 덮었다.

열여덟 부처님 세계 미진수의 세계가 두루 둘러싸서 순일하게 청정하며, 부처님 명호는

정　　　불호　무량방편최승당
淨하니 佛号는 無量方便最勝幢이시니라

차상　　과불찰미진수세계　　유세계　　명청
此上에 過佛刹微塵數世界하야 有世界하니 名淸

정광보조　　이출무진보운마니왕　　위제
淨光普照라 以出無盡寶雲摩尼王으로 爲際하고

의무량색향염수미산해주　　기상　유여보
依無量色香燄須彌山海住하니 其狀이 猶如寶

화선포　　이무변색광명마니왕제청운
華旋布하야 以無邊色光明摩尼王帝靑雲으로

이부기상
而覆其上하니라

십구불찰미진수세계　주잡위요　　불호
十九佛刹微塵數世界가 周帀圍遶하니 佛号는

무량방편최승당이시다.

이 위에 부처님 세계 미진수의 세계를 지나서 세계가 있으니 이름이 청정광보조이다. 다함없는 보배구름을 내는 마니왕으로 가장자리가 되고, 한량없는 색의 향기불꽃 수미산바다를 의지하여 머무르며, 그 형상은 마치 보배꽃을 둘러 편 것과 같고, 가없는 색의 광명마니왕 제청구름으로 그 위를 덮었다.

열아홉 부처님 세계 미진수의 세계가 두루 둘러쌌으며, 부처님 명호는 보조법계허공광

보조법계허공광
普照法界虛空光이시니라

차상 과불찰미진수세계 유세계 명묘
此上에 過佛剎微塵數世界하야 有世界하니 名妙

보염 이보광명일월보 위제 의일체제천
寶燄이라 以普光明日月寶로 爲際하고 依一切諸天

형마니왕해주 기상 유여보장엄구 이
形摩尼王海住하니 其狀이 猶如寶莊嚴具하야 以

일체보의당운 급마니등장망 이부기상
一切寶衣幢雲과 及摩尼燈藏網으로 而覆其上하니라

이십불찰미진수세계 주잡위요 순일청
二十佛剎微塵數世界가 周帀圍遶하야 純一淸

정 불호 복덕상광명
淨하니 佛号는 福德相光明이시니라

이시다.

　이 위에 부처님 세계 미진수의 세계를 지나서 세계가 있으니 이름은 묘보염이다. 넓은 광명의 일월 보배로 가장자리가 되고, 일체 모든 하늘 형상의 마니왕바다를 의지하여 머무르며, 그 형상은 마치 보배 장엄구와 같고, 일체 보배옷 깃대구름과 마니등불 창고그물로 그 위를 덮었다.

　스무 부처님 세계 미진수의 세계가 두루 둘러싸서 순일하게 청정하며, 부처님 명호는 복덕상광명이시다.

제불자　차변조시방치연보광명세계종　유
諸佛子야 此徧照十方熾然寶光明世界種에 有

여시등불가설불찰미진수광대세계
如是等不可說佛刹微塵數廣大世界하니라

각각소의주　각각형상　각각체성　각각방
各各所依住와 各各形狀과 各各體性과 各各方

면　각각취입　각각장엄　각각분제　각각항
面과 各各趣入과 各各莊嚴과 各各分齊와 各各行

렬　각각무차별　각각력가지　주잡위요
列과 各各無差別과 各各力加持가 周帀圍遶하니라

소위십불찰미진수회전형세계　십불찰미
所謂十佛刹微塵數迴轉形世界와 十佛刹微

모든 불자들이여, 이 변조시방치연보광명 세계종에 이와 같은 말할 수 없는 부처님 세계 미진수의 광대한 세계가 있다.

각각의 의지하여 머무르는 것과, 각각의 형상과, 각각의 체성과, 각각의 방면과, 각각의 나아가 들어감과, 각각의 장엄과, 각각의 분제와, 각각의 항렬과, 각각의 차별없음과, 각각의 힘으로 가지한 것이 두루 둘러쌌다.

이른바 열 부처님 세계 미진수의 회전하는 형상의 세계와, 열 부처님 세계 미진수의 강하

진수강하형세계　십불찰미진수선류형세
塵數江河形世界와 **十佛刹微塵數漩流形世**

계　십불찰미진수륜망형세계
界와 **十佛刹微塵數輪輞形世界**나라

십불찰미진수단선형세계　십불찰미진수
十佛刹微塵數壇墠形世界와 **十佛刹微塵數**

수림형세계　십불찰미진수누관형세계
樹林形世界와 **十佛刹微塵數樓觀形世界**와

십불찰미진수시라당형세계　십불찰미진
十佛刹微塵數尸羅幢形世界와 **十佛刹微塵**

수보방형세계
數普方形世界나라

십불찰미진수태장형세계　십불찰미진수
十佛刹微塵數胎藏形世界와 **十佛刹微塵數**

연화형세계　십불찰미진수거륵가형세계
蓮華形世界와 **十佛刹微塵數佉勒迦形世界**와

형상의 세계와, 열 부처님 세계 미진수의 소용
돌이치며 흐르는 형상의 세계와, 열 부처님 세
계 미진수의 바퀴테 형상의 세계이다.

열 부처님 세계 미진수의 제단 형상의 세계
와, 열 부처님 세계 미진수의 나무숲 형상의
세계와, 열 부처님 세계 미진수의 누관 형상
의 세계와, 열 부처님 세계 미진수의 시라깃대
형상의 세계와, 열 부처님 세계 미진수의 넓고
모난 형상의 세계이다.

열 부처님 세계 미진수의 태 속 형상의 세계
와, 열 부처님 세계 미진수의 연꽃 형상의 세
계와, 열 부처님 세계 미진수의 대그릇 형상의

십불찰미진수종종중생형세계
十佛刹微塵數種種衆生形世界니라

십불찰미진수불상형세계　십불찰미진수
十佛刹微塵數佛相形世界와　十佛刹微塵數

원광형세계　십불찰미진수운형세계　십불
圓光形世界와　十佛刹微塵數雲形世界와　十佛

찰미진수망형세계　십불찰미진수문달형
刹微塵數網形世界와　十佛刹微塵數門闥形

세계
世界니라

여시등　유불가설불찰미진수
如是等이　有不可說佛刹微塵數니라

차일일세계　각유십불찰미진수광대세계
此一一世界에　各有十佛刹微塵數廣大世界가

세계와, 열 부처님 세계 미진수의 갖가지 중생 형상의 세계이다.

열 부처님 세계 미진수의 부처님 형상의 세계와, 열 부처님 세계 미진수의 둥근 광명 형상의 세계와, 열 부처님 세계 미진수의 구름 형상의 세계와, 열 부처님 세계 미진수의 그물 형상의 세계와, 열 부처님 세계 미진수의 문 형상의 세계이다.

이와 같은 것이 말할 수 없는 부처님 세계 미진수가 있다.

이 낱낱 세계에 각각 열 부처님 세계 미진수

주잡위요　　차제세계　　일일부유여상소설
周帀圍遶하고 此諸世界에 一一復有如上所說

미진수세계　　이위권속
微塵數世界하야 而爲眷屬하니라

여시소설일체세계　　개재차무변묘화광향
如是所說一切世界가 皆在此無邊妙華光香

수해　　급위요차해향수하중
水海와 及圍遶此海香水河中하니라

〈大方廣佛華嚴經 卷第八〉

의 광대한 세계가 있어 두루 둘러쌌고, 이 모든 세계에 낱낱이 또 위에서 설한 바와 같은 미진수의 세계가 있어서 권속이 되었다.

이와 같이 설한 바 일체 세계가 모두 이 무변묘화광향수해와 그리고 이 향수해를 둘러싼 향수하 가운데 있다."

〈대방광불화엄경 제8권〉

大方廣佛華嚴經 ── 부록

•

대방광불화엄경 목차

•

간행사

대방광불화엄경
목차

간 행 사

　귀의삼보 하옵고,

『대방광불화엄경』의 수지 독송과 유통을 발원하면서 수미정사 불전연구원에서 『독송본 한문·한글역 대방광불화엄경』과 『사경본 한글역 대방광불화엄경』을 편찬하여 간행하게 되었습니다.

『화엄경』은 우리나라에 전래된 이래 일찍부터 사경되고 주석·강설되어 왔으며 근현대에 이르러서는 『화엄경』의 한글 번역과 연구도 부쩍 많이 이루어졌습니다. 그만큼 『화엄경』이 우리 불자님들의 신행과 해탈에 큰 의지처가 되었던 것임을 알 수 있습니다.

『화엄경』을 독송하고 사경하는 공덕은 설법 공덕과 함께 크게 강조되어 왔습니다. 그리하여 수미정사 불전연구원에서도 『화엄경』(80권)을 독송하고 사경하는 데 도움이 되도록 한문 원문과 한글역을 함께 수록한 독송본과 한글역의 사경본 『화엄경』 간행불사를 발원하였습니다. 이 『화엄경』 간행불사에 뜻을 같이하여 적극 후원해주신 스님들과 재가 불자님들께 깊이 감사드립니다. 또한 『화엄경』을 수지 독송할 수 있도록 경책의 모습으로 장엄해 주신 편집위원들과 담앤북스 출판사 관계자들께도 고마움을 표합니다.

　끝으로 이 불사의 원만 회향으로 『화엄경』이 널리 유통되고, 온 법계에 부처님의 가피가 충만하시길 기원드립니다.

　나무 대방광불화엄경

불기 2564년 '부처님오신날'을 봉축하며
수미해주 합장

위태천신(동진보살)

수미해주 須彌海住

동국대학교 명예교수
중앙승가대학교 법인이사
대한불교조계종 수미정사 주지

독송본 한문·한글역
대방광불화엄경 제8권

| **초판 1쇄 발행_** 2020년 12월 24일

| **엮은이_** 수미해주
| **엮은곳_** 수미정사 불전연구원
| **편집위원_** 해주 수정 경진 선초 정천 석도 박보람 최원섭
| **편집보_** 동건 무이 무진 김지예

| **펴낸이_** 오세룡
| **펴낸곳_** 담앤북스
　　　　　서울특별시 종로구 새문안로3길 23 경희궁의 아침 4단지 805호
　　　　　대표전화 02)765-1251 전자우편 damnbooks@hanmail.net
　　　　　출판등록 제300-2011-115호
| **ISBN_** 979-11-6201-261-1 04220

정가 15,000원
ⓒ 수미해주 2020